빨간 약 먹은 여자들

더 생각
인문학
시리즈

스스로 생각하고 만드는 내 삶을 위한 실천

인문학의 존재 이유는 나를 둘러싼 세상에 질문을 던지고 내 삶과 존재하는 모든 삶의 의미를 확인하며 더 깊이 이해하는 데 있습니다. '더 생각 인문학 시리즈'는 일상의 삶에 중심을 두고 자발적인 개인을 성장시키며 사람의 가치를 고민하고 가치 있는 삶의 조건을 생각하는 기회로 다가가고자 합니다.

더 생각 인문학 시리즈 16

빨간 약 먹은 여자들
래디컬 페미니스트의 일상

초판 1쇄 발행 2021년 6월 30일

지은이. 해솔, 정민, 지영, 그리고
래디컬 페미니스트 스물한 명

발행. 김태영

ISBN 978-89-6529-278-4(03300)
13,800원

도서출판 씽크스마트
서울특별시 마포구 토정로 222(신수동)
한국출판콘텐츠센터 401호
전화. 02-323-5609 / 070-8836-8837
팩스. 02-337-5608
메일. kty0651@hanmail.net

도서출판 사이다
사람의 가치를 밝히며 서로가 서로의
삶을 세워주는 세상을 만드는 데 필요한
사람과 사람을 이어주는 다리의 줄임말이며
씽크스마트의 임프린트입니다.

씽크스마트·더 큰 세상으로 통하는 길
도서출판 사이다·사람과 사람을 이어주는 다리

빨간 약 먹은 여자들

해솔,
정민,
지영,
그리고
래디컬
페미니스트
스물한 명
지음

래디컬
페미니스트의
일상

해설

페미니즘을 모르고 각성하기 전 여성혐오를 마주하는
것만으로도 무기력해지고 괴로울 때가 있었습니다. 하지만
먼저 앞을 걸어간 자매들 덕분에 페미니즘을 알고 각성하게
되었습니다. 불합리한 처벌에 대한 규탄 시위에 참여하고,
민원을 보내고, 청원 등을 하며 행동하게 되었고 마음의
무기력은 사라졌습니다. 그리고 같은 길을 걷는 자매들과
연대하며 계속해서 나아갈 수 있는 힘을 얻었습니다.

스물한 명의 인터뷰가 자매들에게 위로가 되고, 뒤에 올
자매들에게 도움이 되길 바랍니다. 그리고 연대하며 나아갈 수
있기를 바랍니다.

인터뷰에 참여해 주신 스물한 명의 래디컬 페미니스트 분들,
책을 함께 집필한 공저자 분들, 도움 주신 박혜정 선생님.
감사합니다.

정민

트위터에서 인터뷰집 저자를 모집한다는 글을 봤을 때 반가운 마음에 곧바로 연락을 드렸습니다. 비록 인터뷰이를 모집한다는 뜻으로 오해하고 연락을 드리긴 했으나 인터뷰집 집필에 스스럼없이 뛰어든 것은 래디컬 페미니즘 도서에 목말라 있었기 때문입니다. 래디컬 페미니스트들의 이야기를 담은 책은 매우 드물었으며 심지어 한국에서 출간된 래디컬 페미니즘 관련 도서는 거의 찾아볼 수 없었습니다. 래디컬 페미니즘은 그 자체로 욕을 먹는 대상이었고 과격한 혐오자 집단 취급을 받을 뿐이었습니다. 그런 사회에서 저 하나라도 나서서 이야기를 하고 싶다는 생각을 줄곧 해오던 터라 래디컬 페미니스트 인터뷰집을 계획하고 있다는 소식은 너무나도 반가웠습니다.

제가 이 책을 집필한 목적은 세 가지입니다. 래디컬 페미니즘은 혐오적인 사상이라는 오해를 푸는 것이 주된 목적이며, 두 번째는 많은 래디컬 페미니스트들에게 도움이 되는 것입니다.

세 번째 목적은 더 많은 여성에게 래디컬 페미니즘을 알려
그들이 보다 나은 인생을 살게 하는 것입니다.
이 책을 통해 많은 여성들이 살아나길 바랍니다. 이미 래디컬
페미니즘을 실천하고 있는 이들에게는 힘이 되고, 래디컬
페미니즘을 모른 채 스스로를 사랑하지 못하는 이들에게는
새로운 세상을 보여줄 수 있기를 바랍니다.

저 또한 인터뷰 과정에서 좋은 경험을 할 수 있었습니다.
여러 가지 주제에 대한 의견을 들으면서 페미니즘에 대한 저의
생각을 다시 정리하고 제 스스로가 발전할 수 있는 기회가 되어
기쁩니다. 인터뷰에 흔쾌히 응해주신 분들께 감사드립니다.

부디 이 세상의 여성들이 행복하기를 바랍니다.
당신이 어떤 모습을 하고 있든, 어떤 일을 하든 진심으로
사랑하고 응원합니다.

지영

1년에 가까운 시간 동안 많은 사람과 만나고, 대화하고, 그것을
글로 옮겨 적으며 우리가 참 다양하다는 것을 알았습니다.
겉에서 보기엔 똘똘 뭉친 하나의 실타래지만 그 실을 하나하나
풀어보면 색도, 굵기도 참 다양한 것이지요.
이 책에는 오색실의 이야기가 담겼습니다. 살아온 삶도, 바라는

미래도 다르지만, 래디컬 페미니스트라는 이름 아래에 모인
이들입니다.

우리는 낯선 생각을 받아들이기 힘들어합니다. 같은 지붕을 덮은
사람들이어도요. 비슷할수록 서로의 다른 점을 낯설어합니다.
그것은 참 쉽게 갈등을 만들고 서로를 배척하게 하죠. 아마 이
책을 읽으며 느낄 겁니다. 같으리라 생각하여 책을 펼쳤지만
다른 생각을 마주하여 느낀 당황스러움을요. 문장 하나하나에
반박하며 책 속의 이야기와 논쟁을 할지도 모릅니다. 모두
당신의 선택이지만, 그저 받아들이기를 연습해보는 건 어떨까요.
래디컬 페미니스트라는 이름이 우리의 색마저 덮을 수는
없다는 걸 인정하고 고개를 끄덕이는 겁니다. '그렇게 생각할 수
있지'라고 혼잣말을 해봅시다.

이 책은 스물하나의 이야기를 담았습니다. 독특한 경험, 또렷한
신념, 분명한 생각이 모이고 모여 한 권으로 묶였습니다.
이 책은 우리들의 다양함을 모두 담기엔 짧지만, 그래도 놀라울
만큼 다양한 이야기가 모여 있습니다. 당신께서 이 책을 통해
많은 관점을 접해보길 바랍니다. 그것이 발전의 시작이 될
테니까요.

이 책의 빛을 봐줄 당신께

차례

소수자; 우리는 소수가 아닙니다

야망; 여자가 못할 것은 없습니다

탈 코 르 셋 ;

여성의 능력을 제한하는 '사회적인 여성성'인
코르셋을 벗어버리자는 여성주의 운동

남자가 되고 싶은 게 아닙니다

코르셋이란,
사회가 여성에게 강요하는 사회적 여성성으로
화장, 치마, 긴 머리 등이 있고 이는 여성의
신체적 움직임을 제한하고 여성을 성적 대상으로
만드는 데 기여한다. 코르셋에는 화장, 치마,
악세서리 등 외적 코르셋과 과한 도덕성,
상냥한 말투, 조신한 자세 등 내적 코르셋이
있다. 사회적으로 여성에게 요구되는 이러한
행동양식은 여성의 행동과 생각을 제한한다.

헤어디자이너의
탈코르셋
"LY"

간단한 자기소개 부탁드립니다.

대구 헤어살롱에서 일하고 있는 헤어디자이너 LY입니다.

일한 지는 얼마 안 됐어요.(웃음)

각성 계기가 무엇인가요?

솔직히 말하면 너무 오래돼서 기억 안 나요.

2015년에 메르스 갤러리*가 있었고, 그 뒤로 메갈리아**가

---

* 　중동호흡기증후군인 질병 메르스에 대한 디시인사이드의 갤러리. 2015년 개설되
었다.

** 　메르스 갤러리에서 파생된 여성주의 사이트. 2015년~2017년 사이 약 2년 간 운
영 되었으며 현재는 운영되지 않는다.

있었잖아요. 메르스 갤러리 때는 각성 전이었어요. 하지만
메갈리아는 초기부터 활동했어요. 그때를 제가 어떻게
기억하겠어요.(웃음) 아마 SNS나 그 당시 많이 봤던 네이버
댓글을 통해 유입된 것 같아요. 네이버 댓글에서 이런저런
싸움이 많이 일어났으니까요.

래디컬 페미니즘을 접한 후 달라진 점이 있나요?

초반에는 크게 달라진 게 없었는데 점점 많은 것이 눈에
보이기 시작하더라고요. 그래서 행동하기 시작했죠. 당시
학생이었는데 포스트잇 붙이기 같은 것은 저도 할 수 있는
거니까 그런 일들에 참여했어요.
그리고 제 마음속에서도 변화가 생겼죠. 그냥 스포츠 식으로
남자를 팰 게 아니라 나 자신을 신경 쓰기 시작했어요. 나
자신이 아름다울 필요가 없다. 외모강박에서 조금씩 벗어난
게 그때부터인 것 같아요.

래디컬 페미니스트로 사는 삶에 대해 간단히
이야기해주세요.

힘들다, 빡세다, 돌아가고 싶을 때도 있다.(웃음)
하지만 사람이 됐죠. 페미니즘을 접하기 전에는 패배주의
감성과 "나는 해도 안 돼"라는 생각이 정말 심했어요.
그게 사실 '우울한 나'에 심취하는 거예요. 저는 굉장히

활기찬 사람임에도 불구하고 우울하다고 느꼈고 저 스스로
우울증이라고 생각했어요. 우울증이라고 믿고 싶었죠.
정신병을 '힙'하다고 생각하는 문화에 물들어서요. 건강한
정신 상태가 아니었는데 래디컬을 접하고 굉장히 많이
회복했어요. 외모와 관련 없이 저의 능력으로 인정받고 싶은
욕구와 성공에 대한 열망도 강해졌고요. 예전에는 패배주의
감성에 찌들어서 해도 안 될 거라고, 아무것도 하기 싫다고
생각했어요. 누워 있는 게 제일 좋고, 휴대폰 만지는 게
제일 좋고…. 시간 낭비하는 게 제일 재밌었는데 이젠 나를
개발하고 좀 더 좋은 미래에 가고 싶은 마음이 강해졌어요.
굉장히 긍정적이고 일에 집중하는, 자존감 높은 사람이
됐어요.

**래디컬 페미니즘을 접한 후 가장 크게 느껴진 여성혐오가
무엇인가요?**
외모 평가가 정말 크게 다가왔어요. 왜냐하면 저는 항상
제 자신의 외모를 평가하고 있었어요. 그게 깨지는 순간이
지금까지도 가장 크게 느껴져요.

화장도 했었나요?
말도 못 하죠. 다시는 그때로 돌아가지 않겠다는 다짐으로
예전 사진도 갖고 있어요.

탈코르셋 계기가 무엇인가요?

항상 아름다울 필요가 없다고 생각해요. 하지만 그 당시에는
화장한 센 언니가 키링남*을 달고 다니며 자신을 과시하는
모습을 사랑했어요. 아름다울 필요는 없지만 그건 좋은
모순이죠. 그러다가 '아름다울 필요가 없다'는 저의 생각과
맞는 이론이 새롭게 탄생한 거예요. 그래서 바로 해야
한다고 생각했어요. 하지만 미용실에서 일하다 보니까
탈코르셋을 할 때까지는 조금 시간이 걸렸어요.

**미용업계에 종사하며 탈코르셋을 한다는 건 어렵게만
느껴져요. 미용업계에 종사하기에 특별히 어려웠던 점이나
탈코르셋에 있어 남들과 다른 부분이 있었나요?**

특별히 어려웠던 건 메이크업, 그리고 남들과 다른 부분은
머리카락이에요.
머리 길이에 대해서는 오히려 디자인적 요소가 들어가기
때문에 짧은 머리를 크게 반대하지 않았어요. 제가 원장님께
투블럭이 어울릴지 여쭤봤을 때 해보라고 말씀하셨거든요.
근데 메이크업은 요새도 힘들어요. 어느 정도냐면, 잡지
부록으로 딸려온 아이라인이 있었는데 실장님이 자기가

---

* 작고 귀여워서 주머니에 넣고 다니고 싶은 남자이자 자신을 과시하기 위해 데리고
다니는 남자.

쓰겠다고 가져갔어요. 그런데 원장님이 그 아이라인을 받아와서 제게 주며 앞으로 아이라인을 그리라고 했어요. 그 후 원장님이 제 눈을 뚫어져라 쳐다보는 날만 그리고 있어요. 요샌 마스크 덕분에 립은 안 발라도 되는데 그전에는 발라야 했어요. "다른 건 안 해도 되는데 이건 발라라." 이런 식이죠.

탈코르셋 이후 자신의 삶 또는 주변인의 변화가 있었나요?
저랑 같이 남자 패던 애들 중에 저를 보고 머리를 자른 애들이 있는 것 같아요. 특별히 페미니즘까지 생각을 안 하던 애들도 이제는 생각이 닿는 것 같다고 해야 하나? 자기가 나서서 할 생각은 없는데 "쟤가 하니까 나쁜 건 아니겠지"라고 생각하는 것 같아요. 사실 주변인과의 신뢰도가 중요한 문제죠.

맞아요, 친한 친구들은 긍정적으로 생각해주는 것 같아요. 또, 미용업계에서 고객 또는 종사자가 겪는 여성혐오가 있을까요?
"몸 팔던 여자들이 하는 일이다", "학생 때 날라리였을 것이다" 또, 교도소에서 미용 기술을 배워서 나올 수 있거든요. 그래서 그런 사람들이 많이 한다는 인식도 있어요. 사실 이 직업이 여초이기 때문에 이런 인식이 뿌리

속까지 심어진 것 같아요. 이것도 하나의 여성혐오에서
시작된 거죠.

고객의 경우에는 디자이너 관점에서, 여성고객이 돈이
더 돼요. 여성고객이 코르셋을 껴입으면 껴입을수록
디자이너에겐 돈이 돼요. 일하며 느낀 건데 디자이너는
고객이 원하는 스타일로, 예뻐지기 위해 이렇게 저렇게 해야
한다고 말해요. 하지만 이것도 고객이 원해야 해줄 수 있는
거예요. 고객이 '예쁨'을 원해야, 코르셋이 짱짱할수록 돈이
되는 거죠. 그것부터가 이미 여성혐오의 굴레에 빠진 게
아닌가 생각해요.

미용업계는 그냥 A부터 Z까지 여성혐오 속에서만 굴러갈 수
있는 사업이라고 생각해요. 만약 직업상의 이유로 꼭 머리를
해야 하는 사람들, 새치가 있으면 전문성이 떨어져 보이는
그런 직업들이 있잖아요. 그런 분들만 와서 머리를 하는 곳이
미용실이었다면, 코르셋과 관계없는 공간이었다면 미용이라는
직업도 하대 받지 않았을 거예요. 커트만 해도 비싼 가격을
받아서 우리도 덜 힘들게 일했을 테고…. 여러 생각이 들어요.
여성 고객이 많고 미용업계 종사자도 코르셋을 꽉 죄고 일해야
하니까 이 업계가 저평가되는 것 같아요.

**코르셋 빨아먹고 크는 사업이네요. 그 사이에서 어떤 노력을
하시나요?**

그래서 저는 남성고객에게 파마랑 탈색, 염색을 많이
권해요. 제 머리 들이밀면서요. (웃음) 여성고객에게는 어쩔
수 없이 "지금도 매우 예쁘세요. 오늘은 정리만 하시고
다음에 하세요"라고 말해요. 어쨌든 그분들은 제가 머리에
대해 진단해주길 바라는 거니까요. 이렇게 얘기하고 사진을
보여드리면 다음에는 결국 하더라도 이번 한 번은 패스할
수 있는 거예요. 말로써 고객님이 충분히 충족감을 느끼게
해드리면 "그러니 오늘은 커트만 하고 가시고 다음에 와서
하세요"라고 말해도 기분 좋게 나가시거든요. 그리고 짧은
머리 여자분들 오시면 아무 말 없이 남자 커트로 받는 정도?

**짧은 머리한테 '여자 가격'을 받는 등 미용업계의
여성세(핑크택스)는 늘 언급되는 문제잖아요. 미용업계
종사자가 보기에 어떠한가요?**
여성세는 분명히 있죠. 멀리 갈 필요도 없이 머리 긴 사람의
대부분이 여자잖아요. 거기서부터 시작되는 거죠. 긴 머리가
파마, 탈색, 염색한다고 생각해봐요. 약품도 많이 들지만
긴 머리의 높은 손상도 문제예요. 결국, 클리닉도 넣으면
가격이 엄청나게 불어나요. 그런데 짧은 머리가 한다고
생각해봐요. 짧은 머리 둘이 해서 10만 원 나온다고 치면, 긴
머리는 거기에 두세 배가 나와요.
앞에서 약재가 어쩌고 했지만 가장 큰 문제는 따로 있어요.

노동력이에요. 긴 머리는 노동력이 훨씬 많이 들어가요. 짧은 머리는 작은 종이라면 긴 머리는 정말 큰 종이에요. 그걸 크레파스로 일일이 칠하고 있는 거죠. 그렇기에 기장 추가는 있을 수밖에 없어요.

하지만 짧은 머리 여성분들에게도 여성 커트 가격을 받잖아요. 그건 저도 궁금해서 계속 물어봤어요. 원장님, 부원장님, 실장님, 여기저기 많이 물어봤어요. 원래 그렇다는 얘기도 있고 여성 커트를 할 때 좀 더 신경 써서 자르게 돼서 심력 소모가 크다. 이런 이해 안 되는 대답을 해요. 사실 자기들도 이유 몰라요. 그냥 지금까지 그래왔고 의심한 적이 없었기에 계속 그렇게 받는 거죠. 미용업계의 일반적인 의식 수준이 이 정도여서 그런 거예요.

시작이 무엇이었을까요?

옛날에는 여자 머리가 훨씬 어려웠고 남자보다 여자 스타일링이 훨씬 많았어요. 그래서 '여자 가격'이 시작된 건데 그대로 굳은 거죠. 지금은 남자 커트도 많은 디자인이 있음에도 불구하고 그대로 받는 거예요.

여성세에 어떻게 대처하는 게 좋을까요?

여기저기 다니면서 느낀 건데 하나밖에 없어요. 미리 전화해서 여자 가격과 남자 가격이 차이가 있는지, 기장

추가가 있는지 물어보는 거예요. 미리 전화로 해결하고 가는 방법밖에 없어요. 진짜 힘들죠.

제일 최적의 방법은 래디컬 페미니스트에게 머리를 자르는 거예요. (웃음)

이제 돈 관리에 대해 얘기해볼게요. LY 님은 어떻게 돈 관리를 하고 계시나요?

저는 나중에 유산은 안 받는 대신, 어머니가 미리 적금을 넣어주신 돈이 있어요. 그건 완전히 제 돈이기 때문에 그 안에서 위험 자산과 안전 자산을 나눠 주식을 돌리고 있어요. 당장은 제가 주식으로 엄청나게 벌 수 있는 사람은 아니어서 살짝만 돌려요. 주식뿐만 아니라 적금도 하고 예금도 이자 비율 높은 것들로 넣고 조금씩 불리는 방향으로 계속하고 있어요.

그리고 월급이 알다시피 쥐꼬리잖아요, 아직. 그래서 월급에서 한도를 정해놓고 그 이상은 절대 안 써요. 통장을 미리 분리하는 거죠. 이건 내가 쓸 통장, 이건 절대 안 쓸 통장. 그러면 절대 안 쓸 통장의 돈들은 적금 넣고. 그렇게 관리하고 있어요.

아직 쥐꼬리라고 하셨잖아요. 성공에 대한 야망이 엄청난 것 같아요. 성공을 꿈꾸는 건 쉬운 듯 어려운데요. 비결이

있나요?

장차 연봉 5억, 10억 그렇게 갈 거니까 그때를 대비해서 계획을 미리 짜봤어요. 그렇게 못 간다는 법은 없잖아요. 〈시크릿〉이라는 책이 있어요. 넷플릭스 영상도 있는데 거기서 내가 성공한 모습을 구체적으로 상상하고 정말 그 안에 있는 것처럼 느껴야 된대요. 그래야 제가 성공을 끌어들이는 사람이 된다는 거예요. 그래서 어느 날 내 통장에 5억이 찍혀 있는 상상을 눈감으면 선명하게 그려질 정도로 했어요.

5억 있으면 어떻게 쓰실 거예요?

부동산을 하려고요.(웃음)

개인적인 소망으로는 섬 하나 사서 작은 별장을 짓고 싶어요. 그곳에 래디컬 페미니스트, 내 비혼 친구들을 데리고 가서 2박 3일, 3박 4일 파티 할래요.

아까 돈 관리 얘기할 때 주식을 하신다고 했잖아요. 주식이 중요시되고 있지만 높은 문턱 때문에 시작을 어려워하는 분들이 많아요. LY 님은 어떻게 주식 공부를 하셨나요?

사실 주식이라는 게 지금까지 남자들이 꽉 쥐어온 거잖아요. 그래서 남자들이 하는 유튜브를 봐요. 어쨌든 정보는 얻어야 하니까. 걔들이 하는 유튜브를 보고 기초 지식을 다졌고 나머지는 직접 주식을 해봐야 해요. 처음에는 백만

원 이하의 소액으로 굴리면서 이게 어떻게 돌아가는지 내 눈으로 봐야 해요. 그래야만 더 빨리 와닿고 이 사람이 했던 말이 이런 거였다는 걸 알 수 있거든요.

부딪쳐봐야 한다는 거네요.
네, 근데 부딪치다 보면 잃을 수 있잖아요. 그러니까 소액으로 해야 해요. 주식은 절대 나의 자본을 투자해서 하는 게 아니에요. 위험 자산으로 분류한 그 자산만 굴리는 거예요. 위험 자산 안에서 굴려서 불리면 그게 또 위험 자산이 되는 거예요. 이 위험 자산이 처음부터 많으면 말아먹기 쉽다는 거죠.
그리고 하나에만 집중하면 안 돼요. 분산투자를 해야 해요. 한국 주식뿐만 아니라 미국 주식, 채권, 적금 이렇게 넣어두면 하나가 쫄딱 망해도 나머지는 남잖아요. 한 우물만 파면 한 번에 확 말아먹을 수 있거든요. 안전하게 하자는 거예요. 정말 주식에 재능이 있고 잃어본 적 없다면 어느 정도 넣어도 되지만 다 넣는 건 안 돼요.

마지막으로, 미용업계에 종사하는 페미니스트에게 전하고 싶은 말이 있을까요?
우리도 미용 커뮤니티 만들어서 탈코 미용실 같이 차려봅시다.

탈코르셋
그리고 탈완벽주의
"익명"

안녕하세요. 간단히 자기소개 부탁드려요.

안녕하세요. 20대 회사원입니다.

래디컬 페미니스트로 각성한 계기가 무엇인가요?

어느 날 웹 서핑을 하다가 '메갈리아'를 알게 되었어요.
검색 결과 창에서 미리보기로 글의 일부분을 읽었는데
'한남충' 같은 단어가 있어서 그 글에 호기심이 생겼어요.
그렇게 메갈리아를 접속하게 되었죠. 그 후 추천을 누를
수밖에 없는 공감 가는 글을 접했어요. 결국 추천을 누르기
위해 회원가입을 하고, 본격적으로 활동을 하면서 각성하게
되었습니다.

래디컬 페미니스트의 일상, 그 중 인상 깊었던 일은 무엇인가요?

일상은 래디컬 페미니스트라고 해서 특별할 게 없는 것 같아요. 그런데 사고에서 타인과 차이가 있어요. 정부 정책, 제도 기사를 봐도 해당 정책이 여자들의 삶에 도움이 될 것인지, 된다면 어떻게 될 것인지를 생각해요. 그리고 자극적인 기사 헤드라인으로 관심을 받으려고 하는 남성 위주 기사는 쳐다보지도 않아요. 그리고 다른 사람과 페미니즘에 대한 이야기를 하다보면 늘 인상 깊어요. 사람마다 생각이 다르니 늘 흥미롭고 깨닫게 되는 것도 많습니다.

익명님이 생각하시는 탈코르셋은 어떤 의미일까요?

대상화로부터 벗어나기 위한 도약입니다. 대상화는 자신을 사람이 아닌 생각하는 물건으로 만들어요. 특히, 내 화장 상태는 어떤지, 내 몸매는 어떤지, 다른 사람한테 이상하게 보이진 않을지를 생각하는 물건으로요.
여자에게 외모 코르셋이 문제가 되는 이유는 우리의 소중한 인지 자원의 대부분을 신체 모니터링에 소모시키기 때문이에요. 우리에게는 정신과 집중을 쏟아야 할 중요한 일들이 너무나도 많은데 말이에요. 그리고 문제가 되는 것은 외모 코르셋뿐만이 아니에요. 우리가 몸에 쏟는

관심은 패션으로 직결되는데요. 패션이 더 많은 신체를
노출시킬수록 신체 모니터링은 더욱 강화가 돼요. 다리가
노출되면 잔털 없는 매끈한 다리를 유지해야 하는 것처럼요.
결국 여자들은 만성적인 신체 모니터링으로 수많은 대가를
치르게 되죠. 그뿐만 아니라 여성 기성복은 신체적 움직임을
방해해요. 예를 들어 오프숄더나 짧은 치마와 같은 옷은
여자에게 엄격한 몸가짐을 요구하죠. 스타킹의 경우도
잡아당기고 끌어올리며 지속적으로 고쳐 입어야 함으로써
우리의 주의력을 상당히 흐트러트려요. 그리고 몸이
어떻게 보이는지에 초점을 맞추면서 몸을 효과적으로 쓰기
어려워져요.
결국 이 모든 것을 피하고 자신의 행동이나 기분, 생각,
욕망 등에 초점을 맞추려는 노력의 시작이 탈코르셋이 되는
것이죠.

탈코르셋을 하게 되신 계기가 궁금합니다.
사실 주변에 탈코한 친구들과 함께 놀다 보니 저도 이끌려
탈코를 하게 된 것 같아요. 처음엔 탈코하는 게 어려웠지만
한번 하고 나면 쉬워져요. 그리고 그 뒤에 안 보였던 것들이
차차 보이기 시작하죠. 말하고 나니 주변 환경도 중요한 것
같아요.

탈코르셋 후 느끼는 변화에 대해 듣고 싶습니다.

제가 더 이상 구경거리로만 느껴지지 않아요. 오히려 존중받고 인간 그 자체로 대함을 느껴요. 그리고 외모 평가나 성희롱을 받는 횟수가 확연히 줄었어요. 남성으로 인식될수록 성적 대상화되지 않는다는 것은 신기한 경험이었어요.

이제 제게 있어서 '더 나은' 자신이란 더 마르고 더 아름다운 모습이 아닌, 더 건강하고 더 성취하는 모습입니다.

탈코르셋을 망설이고 있는 여성들에게 한마디 해주세요.

주체가 아닌 대상이 된다는 건 자신을 타인의 관점에서 보게 된다는 거예요. 자신의 생각이나 건강, 감정 같은 내적인 부분보다 얼굴은 어떤지, 피부가 어떤지, 몸매는 어떤지 등 외적인 부분에 온 신경이 기울죠. 우리들은 다른 중요한 일이 많은데도 그런 곳에 더 많은 주의 집중과 시간, 돈을 들여야 하죠. 그리고 사회는 꾸미는 여자를 비판하면서도 미디어 매체는 절대로 실현될 수 없는 이상적인 미를 찬양하게 만들고, 여자에게 아름다움만이 권력이라고 주입시켜요. 이런 모순 속에서 진짜 자신에 대해 알고 싶다면 망설이지 말고 탈코르셋을 도전해보세요. 당신은 혼자가 아닙니다.

래디컬 페미니스트들의 인간관계는 주로 어떻게 되어 있고 계속해서 함께 나아가려면 어떻게 해야 할까요?

요새는 페미니즘의 붐이 일은 덕분에 많은 사람들이 참여하고 있어서 래디컬 페미니스트계의 네트워크가 잘 형성되어 있어요. 덕분에 좋은 모임도 갖고 좋은 활동도 다양하게 할 수 있는 것 같아요. 하지만 사람과 사람이 관계를 맺다보면 늘 좋은 인연이나 좋은 일만 있지는 않아요. 가끔은 그걸 잊어버리기도 하는 거 같아요. 갈등을 겪는 게 좋다는 뜻이 아니에요. 그냥 이런 일도 있고 저런 사람도 있는 건데, 왜 사람이 잘못한 걸 페미니스트로서 잘못한 것으로 보는지 모르겠어요. 상대방 인성이 나쁜데 왜 래디컬 페미니스트의 자질을 따지는 걸까요. 본인과 안 맞으면 페미니스트로서 자격이 없는 건가요? 여성혐오, 성차별, 데이트폭력 등 잘못에 대한 책임은 물을 수 있어요. 하지만 본인과 싸워서, 안 맞아서, 그 사람 성격이 착하지 않아서, 이기적이어서 등등 각자 가지고 있는 개인사가 아닐까 해요. '래디컬 페미니스트'로서의 잘못으로 치부할 게 아니라, 개인 대 개인으로 해결해야 할 문제라고 생각해요.

래디컬 페미니스트로서 타인이 부담스럽지 않은 선에서 페미니즘 이야기를 조금이라도 나누려면 어떻게 해야 할까요?

저 같은 경우는 공감대를 이용해서 자연스럽게 흘려요.
예를 들면 최근 남성 정치인들의 추태가 이슈였는데요,
그런 부분에 있어서 가해자가 적절하지 못한 처벌을 받을
때 비판하거나, 방관하는 남성들의 비합리적 사고방식과
태도를 꼬집으며 이야기해요.

다른 방법으로는 유머를 섞어서 가볍게 이야기하는
것이 있어요. 한 번은 상사분과 이야기를 하다가 자신의
나이에 대해 한물갔다며 한탄을 하시기에 '에이~
저희끼리만이라도 한창인 걸로 해요 하하.' 이렇게 이야기를
했고 상사분이 '그럴까~?' 하고 호응을 얻어낸 적이
있어요. 다른 분들이 보기에 부족할지 몰라도 저로서는 그
상사분이나 그 주변에 계셨던 여자분들에게서 '나이 듦'에
대한 부정적인 프레임을 날려버리기 위한 방법이었습니다.

**여성들에게 주로 나타나는 완벽주의적인 모습에는 어떤
모습들이 있을까요?**

대표적으로 커뮤니티에서 여성 연예인의 인기가 급격하게
오르락내리락하는 걸 보면 이해가 쉽지 않을까 해요. 요즘
시대에 발맞춘 발언이나 퍼포먼스를 하면 쉽게 인기가
오르지만, 조금이라도 실수하면 그때는 극도로 비난받게
돼요. 너무 엄격하고 가혹한 거죠. 왜 유독 여성 집단에게
그런 반응이 도드라질까 생각하다가 한국 여자들에게

내재되고 요구되는 완벽주의에서 생겨난 게 아닐까 하는 생각이 들었어요. 뭐든지 완벽해야한다는 그런 생각. 판단대상이 자신을 넘어서 잣대를 들이대기 가장 쉬운 여성 연예인들 또는 각종 유명 인사들한테까지 가는 것 같아요. 반면에 남성 연예인 및 유명 인사들은 사는 게 너무 쉽죠.

강박 같은 완벽주의를 타파하기 위해서는 어떤 것들이 필요할까요?

저는 제 자신에게 투자하고 노력하니까 점차 나아졌어요. 아직도 노력 중이긴 하지만 자신에게 집중함으로써 타인에게 가하는 엄격한 잣대는 거둬들이고, 관심을 두지 않아요. 자신에 대한 완벽주의는 자기최면으로 고치려고 노력해요. '포기만 하지 말자. 이렇게 해도 괜찮아, 기회가 또 있잖아. 에이 이거 나중에 해도 되잖아.' 이런 식으로 스스로를 다독여요. 나열된 말들만 보면 게으른 사람 같지만, 완벽주의에 시달리고 있는 상황이라는 가정하에 저런 생각들을 합니다.

마지막으로 하고 싶은 이야기를 해주세요.

도서 집필에는 처음 참여해보았는데요. 제 이야기가 기록이 된다니 정말 기대됩니다. 그리고 한국에 얼마나 다양한 래디컬 페미니스트들이 있고 다들 어떤 주제로 인터뷰를 했을지 벌써 궁금하네요! 한국의 래디컬 페미니즘이 지속되길 바라며 인터뷰이들과 저자들 그 외 제작자님들 모두 수고하셨습니다.

드레스를 찢은
피아니스트
"사랑"

간단한 자기소개 부탁드려요.

저는 전남 지역에서 태어났어요. 시골에서만 자랐고 지방
대학에서 피아노를 전공한 사랑이라고 합니다. 악센트*
연주회를 운영하고 있고, 트위터에서 연주회 탈코 사진이
알티를 많이 받았어요.

각성 계기가 무엇인가요?

저는 학교에서 혼자 페미니스트였어요. 그래서 정말

---

* 여성을 위한 여성들의 클래식 연주회로, 2020년 12월 26일 첫 연주회를 마쳤다.

답답했는데 우연한 계기로 이민경 작가님의 몸글*을 접하게 됐어요. 그렇게 몸글에서 다른 페미니스트도 만나고 내 몸, 나에 대해 자세히 알게 되었어요. 그러며 자연스럽게 래디컬 페미니즘에 관심을 가지기 시작했죠.

래디컬 페미니즘을 접한 후 달라진 점은 무엇인가요?

나를 좀 더 생각하게 됐어요. 원래는 남자 예술인을 참 좋아했어요. '덕질'이라는 게 내가 되고 싶은 걸 다른 사람을 통해 보는 거라고 하잖아요. 저는 남자 예술인의 자유로운 느낌을 좋아했어요. 그러다가 '덕질'을 딱 버리니까 외부로 향한 시선이 제게 들어오는 거죠. 내가 바라는 것에 집중하게 됐어요.

남자 예술인도 그렇지만 저는 진로도 '덕질'과 많이 연관되어 있었어요. 예전에 제 꿈이 뭐였냐면, 좋아하는 사람이 생기면 그 사람을 따라가는 직업을 바랐어요. 예를 들어, 제가 밴드를 좋아한다면 세션을 직업으로 갖고 싶은 거죠. 늘 그런 식이었어요.

또, 애기어**를 많이 썼는데 인지하지 못하고 있었어요.

* '몸에서 뻗어나는 글쓰기'의 약칭. 이민경 작가의 독서 모임이다.
** 나이에 맞지 않게 어린아이 흉내를 내듯 발음을 부정확하게 하거나 애교를 섞어 이야기하는 말투.

그러다가 다른 분이 알려주셔서 말을 흐리는 것도 고치고
말을 분명히 하게 됐어요. 덕분에 예전에 카톡한 걸 못
읽겠더라고요.

래디컬 페미니스트로 사는 삶이란 무엇일까요?

계속해서 도전을 하게 돼요. 예전엔 나서는 일이 없고
소심했거든요. 악센트 연주회도 그렇고요. 하지만 종종 화가
나고 무기력해지기도 해요.

사랑님은 어떤 음악 활동을 하고 계시나요?

대학교를 같이 졸업한 동기들이랑 정기적으로 연주회를
열려고 팀을 꾸렸어요. 올해는 코로나 때문에 취소됐지만
앞으로 동기들과 함께 제가 사는 지역에서 연주를 이어나갈
거예요. 또, 곧 있으면 대학원에 갈 텐데 졸업 후나 대학원을
다니며 여성들이 무대에 오를 수 있는 판을 만들고 싶어요.
악센트도 그렇고요.

음악 활동을 통해 도달하고 싶은 목표가 무엇인가요?

처음 제가 탈코르셋을 하고 무대를 올랐을 때, 정말
편하더라고요. 이건 몸으로 직접 느껴야 아는 거잖아요.
저는 그 편안함을 직접 느꼈으니까 동기들에게 알리고
싶더라고요. 이제 거기서 더 나아가서 더 많은 여성

연주자들이 탈코르셋을 할 수 있길 바라요. 더 넓게
퍼졌으면 좋겠어요.

사실 여성들에게 요구되는 꾸밈 노동이 정말
불공정하잖아요. 하지만 너무 익숙하니까 불편한 것도
모른다는 게 안타깝죠. 세계적인 연주자들도 그렇잖아요.
조금 더 코르셋에서 벗어나 더 편하게 역량을 뽐낼 수 있는
환경이 되었으면 좋겠어요.

그리고 그런 여성 연주자의 모습이 익숙해졌으면
좋겠습니다. 저처럼 성 정체성 검사를 받아보라느니 그런
말들은 안 듣게 되는 순간이 왔으면 좋겠어요. 또 여성
음악가들의 가시화를 목표로 삼고 있습니다. 악센트
연주회를 준비하면서 알게 된 건데 정말 대단했던 여성
음악가들이 많더라구요. 작품 또한 너무 좋고요. 여성
음악가에 대해 알아갈수록 온전한 창작자로서 인정된 여성
음악가들이 없다는 사실과 왜 우리는 여성 음악가들을
모르고 살았나 왜 남성 작곡가들만 배워왔나 이런 분노가
차올랐습니다. 나라나 분야를 불문하고 어딜 가든 여성의
역사는 지워져 온 것 같아요. 그래서 앞으로 많은 여성
음악가들의 작품을 소개해 드리고 싶어요.

사실 음악과의 여초 분야도 그런 영향이 있는 것 같아요.
최근 그런 글을 봤어요. 옛날 여성에게 성악과 피아노는

허락되고 콘트라베이스나 첼로 같은 악기는 허용되지 않는 것에 대해서요. 피아노는 바른 자세로 쳐야 하니까 조신해 보이고, 성악은 '여성으로서의 매력'을 구경해요. 하지만 콘트라베이스나 첼로를 연주할 때 다리를 쩍 벌린 자세가 문란하다는 거죠. 여성을 보는 시선이 딱 그 수준인데 다르게 보일 리 있겠어요? 이제는 여남 악기를 나누지 않지만, 차별적인 시선은 남아 있잖아요. 앞으로 해결해야 할 숙제라고 생각해요.

그럼 탈코르셋이 더 널리 퍼지는 것이 목표인가요?
더 널리 퍼지길 바라죠. 앞서 말했던 연주회 탈코 사진이 알티 될 때, 탈코르셋을 꾸준히 전시해야겠다고 느꼈어요. 탈코르셋 담론이 나온 지 꽤 됐잖아요. 하지만 여전히 새로운 분들이 많은 것 같더라고요.

저도 그 트윗을 봤어요. 그 사진을 찍기까지의 과정이 궁금해요.
어느 날 갑자기 미용실에 가서 투블럭을 해달라고 말했죠. 머리를 자르고, 치마를 버리고 서서히 옷을 바꾸고 나니 연주회가 다가오는 거예요. 그런데 드레스를 입으려니 너무 불편해서 정장을 입어야겠다고 생각했어요. 그래서 광주에 정장 빌리는 곳을 알아봤는데 여성 정장은 캐주얼밖에 없어서 발로 뛰었어요. 웨딩의 거리에 있는 정장점을 돌아다녔는데 가기 전에 친구가 그랬거든요. "너보다 쪼만한 남자도 정장을 입는데 너한테 맞는 게 없겠냐"라고요. 근데 없더라고요.(웃음) 그래서 가장 처음에 발견했던 조금 마음에 안 드는 정장을 빌렸어요.

그런데 이제 문제가 생기는 거죠. 정장을 결제할 때까지도 제가 뭘 하고 있는지 몰랐어요. 그러다가 친구들이 드레스를 빌리러 간다고 해서 저도 따라갔는데 드레스를 입은 애들이 너무 예쁜 거예요. 그래서 고민했죠. '당장 취소할까?' (웃음) 그래도 결국 정장을 입었어요. 근데 이건 시작일 뿐이었어요. 연주회를 하고 나서 일이 터진 거죠. 저는 저희 교수님이 예의만 차리면 괜찮다고 해서 정장을 입었는데 다른 교수님이 그 연주회를 보고 저한테 성 정체성 검사를 해보라고 말한 거예요. 지금은 웃으면서 얘기하지만, 그 당시에는 정말 큰 충격이었어요. 성 정체성 검사? 내가 그런 소리까지 들어야 하나 싶었죠.

그리고 남자 선배들도 말이 많았죠. "딴 애들 다 드레스 입었는데 너만 정장 입으니까 좀 그렇더라. 졸연(졸업 연주회)은 당연히 드레스 입을 거지?"라고 말하면 다른 남자 선배가 '요즘 그런 말 하면 안 된다'고 그랬어요. 그래서 저는 스트레스를 받는 거죠. 바로 앞에서 그런 반응들을 마주하니까요.

결국 졸업 연주회 때는 드레스를 입어야 했어요. 모부*가
정말 싫어했거든요. 나중에 친구가 말해줬는데, 정장을 입고
나왔을 때 사람들이 남자냐 여자냐 수군거렸대요. 모부는
그게 싫었던 거죠. 딸이 남자 취급을 받으니까, 그렇게 자랐기
때문에 생기는 거부감이요. 그리고 사회가 원하는 여성상,
남성상에 너무 익숙해져 자라왔기 때문에 생기는 거부감도
있었을 테고요. 지금은 그래도 받아들이고 계시는 중입니다.

그때 나 자신을 부여잡아준 것이 있을까요?
인스타 스토리를 올렸어요. 그때 정장을 입은 것이 쉬운
일이 아니었다고요. 그런데 예상치도 못한 많은 사람이
위로해주는 거예요. 거기에 감동했고 덕분에 이겨낼 수
있었던 것 같아요.

또, 여성주의 활동을 하며 어려운 점이 있을까요?
문화 예술사 수업을 들을 때 수업 차원에서 행사 기획을
했어요. 이건 저랑 안 맞는다고 생각했는데 악센트를
기획하는 것이 정말 어려웠어요. 감사하게도 운영진분들이
많이 도와주시고 늘 뜨거운 논의가 오가지만 그래도 처음인
일들이 많아서 어렵네요.

* '부모'에서 어머니를 먼저 쓴 단어.

트위터에 탈코르셋 전시를 했을 때 악플이 왜 힘든지
알게 됐어요. 많이는 아니고 안 좋은 말들이 한두 개
달렸어요. 1만 알티가 되고 많은 응원을 받아도 한두 개의
태클만 걸려도 정말 힘들더라고요. 사람이 피곤해지고
어이없었어요. 다른 사람들이 고치라고 지적한 대로 내용을
고쳤는데도 계속 태클을 걸었거든요.
그리고 학교 다닐 때 혼자 래디컬 페미니스트라서 많이
외로웠어요. 그런데 요즘엔 커뮤니티에서 사람들을
만나니까 많이 해소됐어요.

**그렇게 어려움에 부딪혔을 때 해결하는 자신만의 방법이
무엇인가요?**
항상 주변 사람들에게 감사하죠. 그리고 그렇게 사람들을
만나면서 해소를 하거나, 조언을 얻고 나면 꼭 다시 해야
할 일로 돌아옵니다. 어쩔 수 없어요, 여러분! 힘들어도
마주해야 해요. (웃음)

**마지막으로, 래디컬 페미니스트 음악인들에게 전하고 싶은
말이 있나요?**
저는 사는 곳이 지방이라 오히려 더 큰일 없이 굴러간 것도
있어요. 도시로 올라가면 사람이 더 많을 테고 지방보다
위계질서라든지 그런 문화가 깊을 거잖아요. 활동하기 더

어렵다는 걸 알지만 그래도 힘을 냈으면 좋겠어요. 만약 궁금하거나 힘든 일이 있으시다면 메일 주소를 남겨둘 테니 제게 연락하세요. ksr8613@naver.com 입니다!

잘생긴 탈코르셋을
넘어서
"염라"

간단한 자기소개 부탁드립니다.

안녕하세요. 현재 경상도에 거주 중인 20대 취준생
'염라'입니다.

각성 계기가 무엇인가요?

이렇다 할 계기는 없는 것 같아요. 서서히 스며들었다고
생각해요. 일련의 큰 사건들을 지켜보며 스스로 생각하고
고민하던 게 많은 계기가 된 것 같아요.

염라 님의 탈코르셋 계기와 탈루키즘 계기는 무엇인가요?

패션을 전공하던 사람이라 주체적 코르셋을 찼었어요. '서양

센 언니' 화장을 했고, 힙합룩을 많이 입었어요. 어릴 때부터 크고 편한 옷 입기를 좋아해서 과하게 컨셉질할 때 아니면 대상화되지 않는 남성들이 입는 힙합 룩을 고수했었거든요. 그래서 더 정신 승리를 했었던 것 같아요. 나는 이거 좋아서 하는 거고, 옷도 진짜 '간지'나게 입는다. 하지만 주위에 꾸준히 래디컬 페미니스트의 말들이 들려왔었고, 스스로 합리화와 분열을 반복하다 '내가 하고 있는 건 코르셋이 맞다'는 걸 인지하게 됐어요. 근데 어머니가 굉장히 외모강박이 심하신 분이셔서 제 사상과 외관을 반대하셨어요. 화장도 안 했고 옷도 대상화 없이 편안하고 심플한 옷만 입었는데 머리가 여전히 길었어요. 그 괴리에서 오는 정신적인 압박을 끝내 못 견뎌서 주방 가위로 그냥 머리를 잘라버렸어요. 진짜 들쑥날쑥 잘라서 당연히 짧은 머리밖에 답이 없는 상황이었는데도 칼 단발을 시키겠다는 어머니를 보고 감탄을 했습니다. 칼 단발 안 할 거면 제 돈 주고 자르라 하더라고요. 헤어샵 들어가서까지 싸워서 스텝 분들이 엄청 눈치를 보셨던 기억이 있어요.

탈루키즘은 제가 현재 하고 있는 일들이 아무래도 미디어 계통이다 보니 자연스럽게 생각하고 실천하게 된 것 같아요. 그리고 제가 루키즘 끝장판 분야 중 하나인 패션을 전공했기 때문에 제게 있어서는 탈루키즘이 당연했던 것 같아요. 정신 차리기 이전에 하던 모든 것을 버렸거든요. 취미 생활,

개인의 자유라는 명목으로도 남기지 않았어요. 그 대신
건강한 방식으로 표출하는 방법을 터득했죠.

**탈코르셋을 지향한다면 루키즘의 마인드는 당연히 지양한다
생각합니다. 탈코르셋을 지향하면서 탈루키즘을 하지
못하는 것은 어떤 모습일까요?**

말로는 루키즘을 지양한다며 실상 그렇지 못한 분들을
많이 봐왔어요. 저 또한 그랬고요. 제가 말하는 루키즘은
사회가 제공하는 여성 대상 루키즘이 아니라 '남성 대상
루키즘'을 뜻합니다. 사람들이 여성성을 벗어나려 하다
보니 자연히 사회적 남성성을 표방하려고 해요. 하등 생존에
필요도 없는 잘생긴 외향을 지향하게 되고, 스스로의 몸을
검열하고 비하하기도 하고요. 더하여 창작 계통에서 흔히
보이는 모습이 탈코르셋을 지향하면서도 탈루키즘을 하지
못한 상태예요. 탈코 캐릭터라며 유방, 골반 등 여성의 고유
신체적 특성을 싹 지우고 그냥 남성의 성기만 안 달린 듯한
'잘생긴' 캐릭터를 찍어 내는 행위 말이에요. 미디어에
다양한 여성이 나타나야 하는데 사회적 남성성을 표방한
루키즘 캐릭터들만 대거 등장해대니 '예쁜' 여성에서
'잘생긴' 여성을 선호하는 형태로 바뀌었죠. 탈루키즘까지
가는 과도기라고 해도 래디컬 페미니스트는 루키즘
생산에 일조하지 않는 것이 맞다 생각해요. 결국 그게 우리

스스로와 주변 여성들을 지우는 행위니까요.

탈코르셋 후 루키즘의 영향을 받은 '잘생긴 탈코'란 어떤 모습인가요?

남성들의 꾸밈새를 그대로 표방해내고 잘생긴 남성의 외향을 '동경'하며 그것을 '따라하려는' 모습입니다. 키 크고 어깨 넓고 손·발 큰 거 부러워하고, 인상 세고 목소리 낮은 거 동경하고 저 또한 그랬었는데 그게 결국 제 신체를 향한 혐오로 이어지더라고요. 내 몸을 '기능적' 도구로 보지 못하고 '미관적' 도구로 보니까요. 그냥 생존할 수 있을 만큼 건강해지고 강인해지면 돼요. 잘생겼다 소리 듣는 남성들의 신체까지 바라고 그걸 표방하려고 스스로 신체를 검열하고 착취할 필요가 없어요. 보여주기식 몸을 만들 필요가 없단 뜻이에요.

더하여 옷차림새도 그렇죠. 댄디룩, 정장 스타일은 사회적으로 권력을 가진 듯한 차림새니 이용할 여지가 충분합니다. 하지만 소위 '홍대충', '힙찔이' 소리 듣는 스타일들은 사회적으로 절대 권력이 있어 보이지 않아요. 피어싱하고, 문신하고, 염색하고, 미적 요소만 가득한 체인 달린 옷 입고. 피어싱, 문신, 염색은 성형 내지 다이어트만큼 심하지 않다 뿐이지 자해 행위죠. '힙'한 스타일은 백이면 백, 기능적으로 불편한 모습을 하고 있고요. 물론 현대 사회에서 자신의 개성을 외관으로 드러내고 싶을 수 있죠. 근데 그게 탈루키즘이냐고 하면 절대 아니거든요. 완전히 아름다운 외관을 지향하는 영역이에요. 정말 개성을 드러내고 싶었으면 수면 바지 입고 목 늘어난 티 입고 슬리퍼 끌고 다녔겠죠. 결국 사회가 정한 '힙'한, '스타일리쉬'한, '예쁜', '미적으로 보기 좋은' 틀 내에서 움직이고 있다는 거예요. 근데 그게 댄디룩같이 개인의 권력을 더 높여주는 장치로써 사용되지도 않으니 지양하는 게 맞죠.

탈코르셋의 바탕으로 함께 생각해야 할 탈루키즘 정신을 갖기 위해서 자기 자신과 타인을 어떠한 마음으로 대해야할까요?
나의 0.1%든 100%든 루키즘에 일조하는 사상 및 행위는 결국 스스로와 주위 여성들을 지우는 행위라는 것을 인지하자.

정신적인 독립은 정신이 어디엔가 종속되어 있는 상태를 전제하는데요, 일반적인 여성의 정신은 어디에 종속되어 있다고 생각하시나요?
가부장제에 종속되어 있다고 생각합니다. 저를 포함하여 많은 페미니스트 여성들도 아직 가부장제의 잔재들에

종속되어 있는 상태라고 생각해요. 가부장제의 세뇌에서
완전히 벗어난 상태가 아니라고 인식하고 있습니다.

정신적인 종속의 상태는 어떤 상태인가요?
결혼 제도와 같은 법적인 종속 상태나 성착취나 섹슈얼적
관계와 같은 육체적인 종속 상태가 아닌, 말 그대로
정신적인 종속을 뜻합니다. 플라토닉 사랑이 정신적인 종속
상태의 좋은 예시가 될 것 같습니다. 플라토닉 사랑의 경우
결혼을 하지 않았다는 전제 하에는 법적/육체적 종속을
모두 피해가잖아요? 그러나 정신적으로는 내 '연인'에게
종속되어 있는 상태입니다. 일대일 독점관계, 연인이라는
명칭으로 서로에게 채워두는 암묵적인 족쇄가 있으니까요.
정신적으로 나는 누군가의 소유, 독점 상대라는 무의식적
인식이 생기게 되고, 결국 그 상태를 정신적인 종속
상태라고 보는 것입니다. 정신적인 종속은 법적/육체적
종속처럼 눈에 드러나지 않으니 스스로 판단하기도
어렵고요.

**그 종속된 곳에서 탈피하고자 한다면 어떻게 해야 정신적인
독립을 이룰 수 있을까요?**
사실 명쾌하게 답하기는 어려운 것 같아요. 스스로
마인드컨트롤을 많이 해야 한다고 생각합니다. 인생의

동반자 없이, 오롯이 나 혼자만 사는 인생이어도 즐겁고
재밌을 수 있다는 다짐을 많이 했던 것 같습니다. "누군가와
어떤 특별한 관계를 맺지 않아도 나는 잘 살 거야"라고요.

**정신적인 독립 상태를 유지하고 계신가요? 정신 독립 후
가치관은 어떻게 달라지셨나요?**

가부장제에선 완전히 독립하지는 못했다고 생각합니다.
인간관계 측면에선 유지하고 있는 듯해요. 개인적으로
가치관이 정말 많이 바뀌었어요. 친목에 대해서도
무관심해졌고, 어떤 형태든 관계를 맺는 것에 집착하지 않게
된 것 같아요. 예전엔 어떻게든 유대 깊은 관계를 맺으려
노력했는데, 이젠 굳이 타인과의 관계에 과하게 내 시간이나
감정, 에너지를 쓰려고 하지 않아요.

**일반적으로 사랑이라고 하는 에로스적인 사랑을 지양하시는
이유에 대해 듣고 싶습니다.**

에로스적 사랑이 가부장제 그 자체라고 생각하기
때문이에요. 우리의 적은 남성뿐만 아니라, 가부장제라는
거대한 이데올로기와 시스템이죠. 인류의 역사를 거슬러
올라가 보면 약탈 풍습, 종속 개념이 나와요. 인간은
항상 불멸에 대한 욕망을 보여 왔기 때문에 사후세계를
추종하는 종교 문화가 중요시 여겨져요. 인간은 대를

이음으로 불멸하는 것을 택했고, 그 방식에서 여성의
존재는 굉장히 중요했어요. 여성이 없으면 종족 번식
자체가 불가능했으니까요. 약탈 문화에서 주된 타깃은
여성이었어요. 임신 상태가 되면 신체적, 정신적으로
취약해지는 점, 해당 무리의 종족 유지가 불가능해져
전멸하게 된다는 점, 우리 무리의 종족 유지가 된다는
메리트까지, 남성들은 여성 착취가 생존에 이득이라는 것을
학습하게 되었고, 여성 착취는 향후 노예제의 기원으로도
이어집니다. 하지만 점차 사고가 발달하고 세상이
변해가면서 그것이 착취고 혐오라는 것을 노예들이 깨닫게
되죠. 기득권은 그래서 로맨스를 '만들어'냅니다. 환상,
허상을 만들어내서 여성들이 근본과 진실을 보지 못하게끔
시야를 막아버렸죠. 마침내 여성은 '스스로' 섹스를, 연애를,
결혼을 원하고 꿈꾸게 됩니다. 그 상태가 계속 지속되고
쌓여 결국 지금의 로맨스 과열 사회에 이르렀다고 봅니다.
로맨스는 더군다나 사랑이라는 것을 말하는 '달콤한
유혹'이잖아요.
이렇듯 로맨스와 성애 감정은 가부장제의 가장 유효한
무기예요. 뿌리가 가부장제인데 이것을 왜 '래디컬
페미니스트'가 사용해야 할까요? 아무리 깨끗하게 닦아
쓴들, 플라토닉 사랑처럼 정신적인 종속 상태를 벗어나지
못한다는 한계가 명확해요. 우리가 독점욕, 지배욕 등을

가부장제의 감정으로 분류했듯이 성애, 성적 끌림도
가부장제의 감정입니다. 급진적이고 근본주의적인 래디컬
페미니스트는 그러면 안 된단 말을 하고 싶어요.
결국, 저는 근본이 가부장적인 에로스적 사랑보다 연대나
우정의 감정을 뜻하는 스토르게적 사랑을 지향하고
닮아가고 싶어요. 사실 벗어나고 보니 감정 자체는 크게
다를 게 없더라고요. 섹슈얼이 빠졌고, 관계 의존과
집착적인 성향이 빠졌고, 서로를 독점하지 않고, '관계명'에
얽매이지도 않죠. 서로가 없어도 괜찮은 삶이 가장
탈가부장적인 관계라고 생각해요.

건강한 여성의 연대 관계란 어떤 관계인가요?
가부장제에서 최대치로 벗어난 관계. 서로 독점, 집착,
의존하지 않고 각자의 인격체로서의 존중과 응원만 할 뿐 그
이상을 바라고 원하지 않는 것. 성애가 특히 가부장적이라
생각할 뿐, 저는 유사 연애나 다름없는 친구 사이의 집착
내지 의존도 버려야 한다고 생각합니다. 탈연애 했다면서
연인이 아닌 주변인에게 사랑을 바라고 그 안정감을 느끼길
원하는 사람들이 꽤 많더라고요. 요즘의 친목 지향하는
분위기도 관계 의존적인 성향이 원인이라고 해석하고
있고요. 제가 말하는 건강한 연대는 모든 관계 의존 및
집착적 성향을 다 제외한 것을 뜻해요.

마지막으로 한마디 해주세요.

좋은 취지에 함께할 수 있어 기뻤습니다. 어떻게든 살아남아 투쟁합시다.

청 소 년 ;

나이는
중요하지
않습니다

코르셋 재생산을 끊는
청소년
"익명"

각성 계기는 무엇인가요?

뚜렷한 계기는 없었어요. 트위터에서 남자 아이돌 '덕질'을
하며 래디컬 페미니즘 담론들을 많이 접했고 아이돌
'덕질'을 조금씩 놓으면서 서서히 래디컬 페미니즘에
스며들었어요. 처음에는 아이돌 인장을 단 채로 트위터
래디컬 페미니스트들에게 무턱대고 디엠으로 래디컬
페미니즘이 뭔지, 워마드*가 뭔지, 아이돌이 왜 안 좋은지
등등 계속 질문을 던졌었죠. 그때 그 사람들이 친절하게

---

*   2015년 12월 경 메갈리아 사이트의 회원 중 일부가 온전히 여성만을 위한 온라
인 공간을 목적으로 개설한 여성주의 커뮤니티.

답해주셔서 굉장히 많은 걸 알게 됐고 아이돌을 완전히
놓으면서 래디컬 페미니스트의 삶이 시작됐습니다.

각성 후 일상에서 달라진 점은 무엇인가요? 혹은 인상 깊었던 경험이 있었나요?

본격적인 꾸밈노동을 시작하기 전, 어린 청소년 시기에
각성을 해서 외모강박은 덜했지만 덩치가 있는 제 몸에
대해 신체 혐오를 가지고 있었어요. 각성 후 제 몸에 대한
증오를 거의 떨쳐냈어요. '어디만 고치면 예뻐질 것이다,
대학에 가면 예뻐진다, 결혼은 일찍 해서 부모님을 기쁘게
해야 한다' 같은 말들을 항상 들어왔었는데 각성하고
탈코르셋을 하니 이런 말들이 확연히 줄었어요. 불필요하게
잦은 여성복 소비, 그리고 여혐기업 소비가 줄었고 더 야망
있는 삶을 살게 된 거 같아요. 래디컬 페미니즘을 접한 후
직접적으로 여성들에게 법적 도움을 주고 싶다는 생각을
해서 변호사라는 꿈이 생겼고, 야망을 하나씩 추진해나가는
삶을 살고 있습니다.

탈코르셋을 하게 된 계기는 무엇인가요?

뚜렷한 계기는 없었던 거 같아요. 각성 후에도 외적
탈코를 계속 주저하고 있었어요. 그런데 래디컬이 아닌
친구가 투블럭을 하고 온 걸 보니까 저도 용기를 내야겠다

싶더라고요. 그래서 부모님 몰래 투블럭으로 자르고 왔죠.

탈코르셋을 한 후 겪은 가장 큰 변화는 무엇인가요?

사회에서 정한 여성상에 얽매이거나 자기혐오 하는 것이
줄었어요. 꾸밈노동을 많이 하는 편은 아니었지만 화장하지
않은 얼굴이 부자연스러워 보여서 립스틱을 바르고 다녔고,
편한 것보다 예쁜 것을 추구하는 편이었어요. 아무리 급해도
머리를 감은 후 드라이와 에센스는 꼭 사용해야 했어요.
그렇지 않으면 제가 못생겨 보였거든요.

또 '코르셋' 비용을 상당히 많이 줄였어요. 이전에는
불편하더라도 공식적인 자리에 참석할 때는 꼭 치마나 짧은
반바지를 입었거든요. 그러려면 꾸준히 제모를 해야 했죠.
게다가 여자 아이돌의 외모를 소비하면서 친구들과 함께
춤을 따라 추기도 했어요. 그땐 그게 자연스러운 일이었죠.
하지만 탈코를 하고 나니 그런 꾸밈 노동이 불필요하다는
것을 알게 되었어요. 머리가 짧으니 짧은 바지나 치마를
입는 것도 어울리지 않아서 자연스럽게 입지 않게 되었죠.
여자 아이돌을 소비하는 것에 대한 문제점을 인지하면서
소비를 멈췄어요. 일상생활 속에서 페미니즘 담론을
생각하며 '불편함'을 많이 찾게 되었습니다.

탈코르셋의 의미와 의의가 무엇이라고 생각하나요?

탈코르셋 운동은 여성들에게 의무와 속박처럼 주어지는
사회적 코르셋에서 벗어나 주체적인 삶을 사는 것이라고
생각해요. 우리 사회가 여성에게 가하는 수많은
가스라이팅과 강요하고 있는 '의무'들은 여성들로 하여금
지속적인 가부장제의 부역자가 되게 만들어요. 그렇게 여성
자신의 삶을 살지 못하게 하는 거죠. 탈코르셋은 그런 헛된
것들에서 벗어나 여성 스스로 주체적인 삶을 살도록 하는
것이라고 생각해요.

**탈코르셋 운동에서 가장 중요하게 여기는 부분은
무엇인가요?**
당연히 코르셋을 버리는 것이 가장 중요하죠.

**청소년들에게 탈코르셋 운동이 필요한 이유는 무엇이라고
생각하나요?**
청소년들은 아이러니하게도 화장을 멀리하도록 교육
받으면서도 걸러지지 않은 유해매체를 아주 가까이
접하는 연령층이거든요. 그 결과 화장이나 짧은 옷 등과
같은 외모지상주의와 코르셋을, 오히려 성인보다 더 많이
수용하게 된다고 생각해요. 최근에는 어린이까지도 화장을
하게 되고, 네일이나 하이힐, 심각하게는 성인이 입는
옷까지 입히는 일이 일어나고 있어요. 계속해서 코르셋을

강요받는 연령대가 점점 낮아지고 있다는 것을 의미해요. 그렇기에 청소년의 탈코르셋은 계속되는 코르셋 재생산의 굴레를 끊는다는 의미로써 중요해요. 또한 청소년기에 자리 잡은 가치관과 생각들은 쉽게 변하지 않기에, 여성 청소년 개인이 원하는 야망이 있는 삶을 살아가게 만든다는 점에서 큰 의미가 있다고 생각해요.

학교 내에서 경험하는 여성혐오에는 어떤 것들이 있나요?
학교 교복부터 여성혐오적이에요. 여성 청소년들이 무상 교복을 지원받을 때, 바지는 지원 대상에 포함되지 않는다는 걸 아세요? 그리고 저는 여고라서 동급생으로부터 받는 여성혐오는 덜하지만 교사들의 여성혐오적인 가치관, 교과서에 있는 문구와 개념들, 그리고 또래 문화에서 여성혐오를 경험했어요.

그 여혐이 학생들에게 미치는 영향에는 어떤 것이 있나요?
자연스럽게 여혐을 습득하고 체화하게 된다는 것이 가장 큰 영향이에요. 특히 또래문화에서 가장 크게 나타나거든요. 여성 아이돌 그룹이 짧은 치마, 레깅스 등 노출이 심한 옷을 입고 섹스어필하는 모습은 매체에서 자주 볼 수 있잖아요. 청소년들은 그런 여성 아이돌 그룹을 접하면서 그런 모습을 선망하게 돼요. 남자 아이돌 그룹을 좋아하고 그 아이돌

그룹을 위해 돈을 많이 쓰는 것이 일반적인 청소년의
모습이라고 여겨지기도 하죠. 그런 것들이 가장 대표적인
예시라고 할 수 있겠네요.

학교 수업에서 경험하는 여혐에는 어떤 것들이 있나요?
교과서에서 접하는 여성혐오가 지배적이죠. 최근
'사회문제탐구'라는 과목에서 저출산의 원인이 여성의
사회 진출이라고 가르치는 것을 알게 되었어요. 또
'가정과학'이라는 과목에서는 결혼 준비 과정에서 '남성이
경제적 부담을 느끼기 때문에' 부부 간 갈등이 일어나는
것이라고 가르치기도 해요. 성폭력 예방교육에서는
'성폭행을 당하지 않으려면 거절을 명확하게 해야 한다'고
가르치기도 하고요. 피해자의 거절이 아닌 "동의"의
의미와 가해자의 처벌이 훨씬 중요한데 말이에요. 교육기관
자체에서 여성혐오적인 것을 많이 가르치고 있어요.

교사로부터 경험하는 여성혐오에는 어떤 것이 있나요?
나이 많은 교사들은 보통 여성혐오적인 인식이 바탕에 깔려
있잖아요. 그런 교사들의 발언에서 종종 여성혐오적인
면이 드러나요. 가끔 '여성은 아름다워야 한다'는 뉘앙스의
말이나, '여성은 결혼을 해 아이를 낳는 것이 당연하다'는
식으로 이야기하기도 하거든요.

페미니스트로서 학교에서 가장 힘든 것은 무엇인가요?

또래 친구들과의 관계에서 어려움을 겪어요. 저의 탈코한 모습을 보고 친구들이 어려워하기도 하고, 화장과 '예쁜' 옷을 권하는 친구들도 많아요. 또래 친구와는 관심 주제가 다르기도 해요. 보통은 쉴 새 없이 셀카를 찍거나 서로의 외모에 대해 이야기를 하고, 여자아이돌의 외모나 다이어트에 대해서 대화를 하는 친구들 사이에선 제가 따라갈 수 없는 주제가 많아요. 그렇기 때문에 대화를 이어가는 것도 쉽지 않아요.

마지막으로 교내 여혐에 대해서 하고 싶은 말이 있나요?

더 많은 친구들이 사회의 여성혐오 실태를 알고 페미니즘 물결에 동참했으면 좋겠어요.

주체적인 삶을 망치는
남돌 소비
"도래"

도래 님의 각성 계기는 무엇인가요?

현재 사회에서 여성들에게 주어지는 임금 차별, 코르셋 등이
부당한 것임을 깨우쳤을 때 각성했습니다. 앞으로 자라날
여성들이 같은 피해를 받지 않길 바랐거든요.

저는 원래 남돌 '덕질'을 삶이 망가질 정도로 했어요. 그런데
그 남돌이 여성혐오 논란이 터져서 아이돌에 더 이상 돈과
시간을 낭비하고 싶지 않았어요. 그러고 나서 고개를 들고
보니 남돌이 여성을 성적 대상화를 하고 돈줄로만 여기고
있더라고요. 그래서 '탈덕'하고 트위터로 래디컬 페미니즘
담론을 접했습니다.

그렇게 래디컬 페미니즘을 접한 후 자신의 삶에서 달라진 점이 있었나요?

평생 놓지 못할 거라고 생각했던 코르셋과 아이돌이 자연스럽게 제 인생에서 사라졌어요. 그것들이 제 유일한 낙이라고 생각했는데 건강한 낙이 남아 있더라고요. '덕질'을 관두고 시간과 돈이 여유로워지니 나에게 투자하게 되었어요. 코르셋을 살 돈으로 여성주의 전시회와 강연을 다니거나 적금을 넣었고 화장하던 시간에 더 자거나 공부를 하게 됐어요. 실제로 성적도 오르고 적금도 쌓였죠.

십 대 페미니스트로 산다는 것은? 키워드로 말해주세요.

새로운 미래를 개척하기 위해 준비하는 것.
여태까지 수많은 여성이 사회에서 받은 불합리에 침묵하고 살았잖아요. 하지만 십 대인 우리가 그 침묵을 깨고 앞으로 사회에 나가 더 나은, 새로운 미래를 개척할 것이라고 생각해요.

십 대는 급진적인 세대이기에 움직임이 의미 있다고 생각해요. 하지만 미성년자의 제약은 래디컬 페미니스트도 피할 수 없는데요. '학생 랟펨*'이기에 활동에서 불리한 점이

---

* '래디컬 페미니스트'의 줄임말.

있을까요?

여성혐오를 여성혐오라고 말했을 뿐인데 아직 네가
어려서 잘 모르는 거라는 말을 들었어요. 10대라는
이유로 제 의견이 선동당해서 그런 것이라는 무시가 늘
뒤따르더라고요. 한 번은 페미니즘 문구를 포스트잇에 써서
학교 복도와 화장실에 붙였는데 방송으로 그 포스트잇을 쓴
사람은 당장 교무실로 오라는 거예요. 그때 무서워서 가지
못했어요. 다행히 잘 넘어갔지만 저처럼 학교 안 청소년들은
친구나 선생님 눈치 때문에 불편함을 표출하기 어려울
거예요. 같은 뜻을 가진 친구를 만나기도 어려우니 더
힘들고요.

**그런 학교 안팎에서 가장 먼저, 또는 가장 크게 느낀
여성혐오가 무엇인가요?**

코르셋이 가장 먼저, 가장 크게 보였어요. 거리를 조금만
걸어도 보이는 성적 대상화된 여성의 입간판과 그것과
비슷한 모습을 한 수많은 여성까지. 전에는 '저렇게
예뻐져야지'라며 동경했는데 이젠 전부 기형적으로 보여요.
학교에서 점심시간에 여자 아이돌 영상을 자주 봐요. 그
영상을 보는 여자 아이들은 "나도 저만큼 마르고 싶다"고
많이 말해요. 그뿐만 아니라 매일 거울을 들고 다니며
수시로 얼굴을 확인하고 고데기를 해요. 이전에는 당연하게

생각했는데 알고 보니 뿌리 깊은 여성혐오였어요.

탈코르셋을 하게 된 계기도 그것과 관련 있나요?

네, 그 친구들에게 화장하지 않아도 괜찮다는 걸 직접
보여주고 싶었어요. 제가 탈코를 하니 머리를 자르거나
화장을 하지 않고 등교하는 친구들이 생기기도 했고요.

**좋은 영향을 주었네요. 탈코르셋을 하며 힘든 점은
없었나요?**

처음 화장품을 다 버리고 머리를 잘랐을 때 엄마가
말렸어요. 굳이 그렇게 해야 하냐며 안 어울릴 거라 했죠.
제가 탈코르셋을 하니까 제 동생에게 코르셋을 더 입히려고
하더라고요.
또, 어떤 친구가 갑자기 틴트를 제 입술에 바르기도
했어요. 사회적 여성성을 수행하지 않으면 품평당하지
않을 거라고 생각했는데 오히려 "너는 예쁘니까 숏컷도 잘
어울리네"라는 말도 들어서 힘이 빠질 때도 있었어요.

**이제 아이돌 산업을 이야기해 볼게요. 학교에서는 아이돌,
특히 남돌의 영향력이 큰 것 같아요. 도래 님은 어떻게
생각하시나요?**

일종의 현실 도피를 위한 수단 같아요. 남돌을 좋아하는

이유를 물어보면 "내 삶의 일부다", "얘가 없으면 못 살겠다" 등 자아를 의탁하는 모습이 자주 보여요. 좋아하는 남돌 사진을 책상이나 사물함에 붙이는 건 기본이고 범죄나 여성혐오 논란이 있었던 남돌을 좋아하는 애들도 많아요. 자신이 좋아하는 남돌 이름으로 장난을 쳤다고 싸우는 경우도 본 적이 있고 열애설이라도 뜨면 하루 종일 우울해 하고 심지어는 울어요.

왜 남학생보다 여학생에게 그런 경우가 많을까요?

여성과 남성은 자라는 환경 자체가 달라요. 성적 대상화된 여성의 모습을 보고 남성은 착취를, 여성은 모방을 배우죠. 사회적 여성성을 답습한 여성은 남돌을 보며 여성에게서 비춰지지 않은 '사람다운 모습'을 우상화하고 숭배하기 시작해요.

그런 남돌 소비가 구체적으로 왜 유해할까요?

돈과 시간 낭비도 문제지만 결정적으로 주체적인 삶을 살아갈 수 없다는 게 가장 큰 문제라고 생각해요. 남돌을 소비하다가 중단하고 싶어도 애 없이는 살 수 없다는 생각에 무기력해지고 다른 남돌을 찾아 소비하는 악순환을 반복해요

같은 청소년, 학생 페미니스트에게 전하고 싶은 말이 있나요?

각자의 자리에서 최선을 다하길 바라요. 그러다 지치면 꼭 쉬고 언제든 돌아오세요. 실패는 성공의 첫걸음이니 두려워하지 말고 많은 것에 도전하세요. 여러분의 작은 점화는 곧 거대한 용기의 발화가 됩니다. 끝까지 살아남아서 변화를 이룹시다!

인터뷰 소감 부탁드려요.

인터뷰를 진행하면서 여성혐오와 아이돌 산업에 대해 더 생각해보게 되는 계기가 되어 뜻깊은 시간이었습니다. 제 이야기를 통해 공감하고 도움을 받는 십 대분이 계셨으면 좋겠어요. 또, 성인분들께서 교내 래디컬 페미니스트 청소년이 어떤 상황에 처해 있는지에 대해 관심을 가지게 되는 계기가 되었으면 하는 바람입니다.

나쁜
페미니스트
"유디트"

각성하게 된 계기가 무엇인가요?

이미 어느 정도 각성을 한 상태의 친구가 전학을 왔었어요.
그 친구의 영향이 컸죠. 저에게 페미니즘 관련 글을
많이 보여줬거든요. 처음에는 유행을 따라가듯이 '나도
새로운 스타일에 도전해볼까?'라는 생각으로 머리만
잘랐어요. 그때가 2018년쯤이었는데 그 후로 서서히
생각이 바뀌었어요. '아, 래디컬 페미니스트들 말이 맞는
것 같아'라고 생각하게 되었죠. 각성 계기라고 하면 이
정도라고 할 수 있겠네요.

처음으로 이 사회에 문제가 있다고 생각했던 것은 어떤 글을
봤을 때였어요. '우리나라 남자들 편하게 산다'고 말하면서

현재 한국의 상황을 성별을 바꿔서 묘사한 글이었어요.
그걸 읽고 나니까 제가 그렇게 생각해보지 못했다는 생각이
들더라고요. 그 이후로 페미니즘을 받아들이려고 하고
찾아보기도 했어요.

각성 후에 달라진 점은 무엇이 있나요?

가장 큰 변화는 제가 모부님하고 싸우는 일이 많아졌다는
거예요. 그전까지만 해도 애니메이션을 좋아하면서
여성혐오적인 부분들을 아무렇지도 않게 받아들였고,
오히려 그걸 지적하는 걸 불편해했었어요. 그런데 이젠
모부님의 말씀에도 예민하게 반응하게 되더라고요. 제가
원래 친하던 친구들과도 사이가 천천히 멀어졌어요. 안
맞으니까 어쩔 수 없었죠. 남자들과도 친했었는데 당연히
연락을 끊게 되었고요. 이런 식으로 인간관계에 변화가 제일
많은 것 같아요.

인상 깊었던 경험은 있었나요?

'그래도 내가 영향을 끼치고 있구나'라고 생각했던 일이
있었어요. 고등학교 들어와서는 아예 교복 바지를 사서
입었거든요. 그래서 여자애들이 한 명씩은 꼭 물어봤어요.
'머리 그렇게 자르면 편하냐, 바지 입으면 편하냐.' 그래서
제가 적극적으로 어필을 했거든요.

"이건 이래서 편하고 바지는 이렇게 살 수 있어."

그래서 2학년 올라오면서 저를 따라서 바지를 입게 된 친구가 두 명 정도 늘었어요. 그걸 보면서 제가 다른 여성들에게 영향을 미친다는 것을 느끼게 됐고, 그게 제일 인상 깊었어요.

학교에서 경험하는 여성혐오는 대략적으로 어떤 것이 있나요?

사실 제가 공학을 다니는데 고등학교 들어와서는 그나마 덜해요. 각자 공부에 힘쓰는 편이거든요.

중학교 때 저와 제 친구들이 소문이 났었어요. 그런 애들(페미니스트)이라고. 그래서 남자애들이 일부러 제 앞에서 페미 유튜버 영상을 조롱하기도 하고 페미니즘을 욕하는 말들을 많이 하더라고요. 한마디로 분위기가 '페미니즘은 사회악이다'라는 식이었어요.

고등학교 올라오면서 남학생들은 그대로인데 여자들이 좋지 않은 방향으로 많이 바뀌었더라고요. 어쩔 수 없이 화장도 더 많이 하게 되고, 성형 수술을 하고 오는 애들도 생겼어요. 전체적으로 후퇴하고 있는 느낌이에요. 남자들은 반(反)페미니즘적이고 여자들의 꾸밈노동은 더 심해지고 있거든요.

친구들과 함께 페미니스트 무리로 유명했었잖아요.
학교에서는 페미니스트를 어떻게 여기나요?

제 친구랑 친했던 아이가 원래는 잘 지내다가 그런
소문이 나자마자 싹 정리하고 돌아서더라고요. 오히려
반대편에 서서 저희를 따돌리기 시작했어요. 그게 너무
충격적이었는데 다들 그렇더라고요. 저희의 언행이랑은
상관없이 '쟤네 그런 애들이다'라고 한번 낙인을 찍으면
'그래서 쟤들은 성격이 이상해서 좋지 않은 행동을 한다'고
생각해요. 한마디로 더 튀어 보이는 거죠.

이상한 애들이라는 인식이 생기는 거네요. 다른 어려움이 더
있을까요?

따돌림이 심하죠. 제 개인적인 사정이라서 뭉뚱그려
얘기하자면 중학교 3학년 때 제가 어떤 발언을 했다가
소문이 났어요. 사실 그냥 비판하는 말이었거든요. 다만
말을 좀 세게 했을 뿐이에요. 그런데 그 일이 커졌어요.
선생님들이 저를 가해자로 학교폭력위원회까지 열려고
하셨거든요. 제가 1년 동안 그런 이미지로 보이면서
남학생들에게 받았던 피해는 잔잔하지만 저에게는 큰
스트레스였어요. 그런데 선생님들한테는 보이지 않으니까
고작 한마디를 세게 했던 저에게 화살이 날아온 거예요.
충격적이었던 것은 선생님이 절 부르셔서 '그럼 너는 결혼한

여자에 대해서 어떻게 생각하냐'고 물어보신 거예요. 사실
제가 그런 소문이 난 것뿐이지 그런 말을 직접 한 것도
아니었거든요. 그래서 제가 '선생님, 저는 그런 것 때문에
여기에 온 것도 아니고 다른 말 한마디를 나쁘게 해서
왔습니다. 그런데 왜 그런 걸 물어보시는지 모르겠네요'라고
말했어요. 그런데 선생님은 웃으시면서 '그냥 궁금해서
그래, 너는 그런 것에 대해 어떻게 생각하는지'
하시더라고요. 색안경을 끼고 '쟤들은 그렇고 그런
애들이구나. 요즘에 시끄러운 그런 쪽이구나'라고 생각하는
선생님들이 많았어요. 생각해보면 그런 선생님들의 반응도
힘들었던 것 같아요.

고등학교 올라와서는 그런 것은 조금 줄어든 건가요?
무엇보다 제가 조심했죠. 아무래도 중학교 3학년 때처럼
말을 세게 하진 않았어요. 대신 '영향력을 작게나마
끼쳐야겠다, 그럴 수밖에 없겠다'고 생각하게 되더라고요.
고등학교에 와서 주변에는 큰 변화가 없는데 저한테 변화가
많았어요. '조심해야겠다'라는 생각에 소극적으로 행동하게
되었고요. 투블럭으로 잘랐을 때는 어떤 남자가 저를 보고
'탈코했냐'고 물어봤었다는 이야기를 들은 적이 있긴 했는데
오히려 요즘은 머리 짧은 사람들이 많아져서 그렇게 신경을
안 쓰는 분위기예요.

교사들로부터 경험하는 여성혐오에는 어떤 것이 있을까요?

아무래도 남선생들이 여성혐오적인 말을 하죠. 특히
체육시간에요. 남자 체육 선생님들 중에 가끔씩 학생에게
'반바지 입었네? 예쁘다'라고 하는 사람이 있었어요.
그리고 전체적으로 '남자애들은 잘하는데 너희들은
여자라서 이러는구나'라는 식으로 몰아가는 선생님들이
많았어요. 그런 선생님이 한둘이 아니었죠. 중학교 2학년
때 남자 선생님 한 분을 만났는데 제가 알기로는 아마 30대
초반이었을 거예요. 요즘도 가끔씩 2학년 교실 단톡방이
활성화되거든요. 그럴 때 거기 남학생들이 여자들한테
'야, 김치야'라고 말하기도 해요. 그런데 그 선생님은 그런
걸 지적하지 않아요. 가정 선생님이었는데 제 기억으로는
'야동을 볼 거면 커서 보고, 보고 싶으면 나에게 오면 영화를
보여주겠다'라며 남학생들의 성욕을 자신이 좋은 방향으로
풀어주겠다고 말도 하셨거든요. 그런 선생님들이 몇 명
있었죠.

**저는 이게 왜 여성혐오인지는 알지만 독자들 중에서는
모르는 사람들도 있을 것 같아요. 반바지 입은 것을
칭찬하거나 남자들의 성욕을 올바른 방향으로 이끄는 것이
왜 여성혐오인지 설명을 해주실 수 있나요?**

'반바지 입었네, 예쁘다'라고 한 경우에는 전체적으로

분위기에서 와닿는 것이 커요. 단순히 딸아이를 보듯이
사랑스럽다고 말하거나 제자를 보는 눈길이 아니었어요.
그냥 무의식적으로 친구의 다리를 보면서 그렇게
말했거든요. '캣콜링'이라고 하죠? 그런 성희롱이라
생각해요.

제가 중학교 2학년 때 가정 선생님 이야기를 한 것은
수업시간에 포르노 얘기를 양지의 영역으로 끌고 올라와서
말하는 것 자체가 여학생들에게 불쾌하게 느껴졌기
때문이었어요. 저도 그렇게 느꼈고요. 남학생들이 한창
성적인 농담을 주고받을 때 그걸 제재하지 않은 것이
아무래도 제일 불편했어요.

**그럼 수업 중에 경험한 여성혐오로 인해서 피해를 받은 것이
있나요?**

폭력은 나이에 따라 가해지는 것이 아니라 성별을 따라
가해지는 것이거든요. 다시 말해 나이 많은 사람이 폭력을
휘두르는 것이 아니라 남성이 휘두르게 된다는 거예요. 한
가지 사례를 말씀드릴게요. 수업시간에 남학생들이 김치녀
이야기를 하다가 수업 중이던 사회선생님께 '선생님은
김치예요, 소금이에요?'라고 물어봤어요. 소금녀는 다시
말해 개념녀를 의미하는 단어인데 그것을 선생님에게 말한
거예요. 사회선생님이 아마 30대 초반인가 그랬거든요. 그

말뜻을 이해하고 '난 나야'라고 대답해서 부드럽게 상황을 넘기셨어요. 남학생들은 그런 식으로 수업 분위기를 흐려요. 수업 중간에 남학생들에게서 튀어나오는 여성혐오적인 말이 많아요. 그게 장난으로 치부되고 당연시 여기는 분위기가 정말 큰 문제라고 생각해요

학생들 사이에서 여혐이 굉장히 심해지고 있다고 들었어요. 특히 남학생들 사이에서 반(反)페미가 옳은 것처럼 되고 있다고 말씀하셨는데 구체적으로 나쁜 말을 하거나 여성혐오적인 행동을 한 다른 경험이 있나요?
중학교 3학년 때의 그 일을 계기로 굉장히 많은 말을 들었어요. 한 번 낙인이 찍히면 죄인이 된 것마냥 취급하거든요. 전체적으로 비율을 따져보면 반페미 무리가 7이고 저 같은 무리는 1, 그냥 아무 생각 없는 애들이 2 정도 돼요. 반페미가 주류를 차지하면서 당연하게 '쟤한테는 이래도 된다.' 이런 분위기로 흘러가는 거죠. 오히려 저를 나쁘게 봐요. '페미는 사회악'이라고 하잖아요. 한마디로 자신을 '사회악을 처단하는 정의의 용사'라고 생각하는 것 같아요. 제가 공부하고 있는데 난데없이 남학생이 옆에 와서 '너는 이런 거 어떻게 생각하냐'고 물었던 적도 있고 가다가 공에 맞기도 했어요. 직접적으로 신체적인 폭력을 휘두른 것은 아니지만 물리적인 폭력도 당연하게 해요. 장난인

것처럼 말이에요.

그냥 툭툭 건드려도 되는 애로 생각하고 막 대하는군요.
네. 그래도 요즘 성교육 자체는 긍정적으로 많이
변화하고 있다고 생각해요. 강사분이 오셔서 자궁이 아닌
'포궁'*이라는 말을 하신 적도 있고요. 문제는 남학생들이
그 분위기를 일부러 흐려놓는다는 거예요. 드라마 속의
폭력적인 장면을 사랑으로 치부하는 것에 대한 문제점을
알려주는 수업이었어요. 벽치기를 하는 장면을 보여주다가
마지막에 모텔을 보여주고 끝나는 드라마가 있었거든요.
선생님이 '뭐가 문제일까요?' 하니까 남학생들이 '모텔
이후의 장면을 안 보여줬다'라고 대답하고는 자기들끼리
낄낄거리면서 웃더라고요. 이런 식으로 수업 분위기를
흐려요. 은근하게 어떤 사람을 지목하면서 놀리기도 하고요.
소위 말하는 노는 애들이 반의 주도권을 잡고 있잖아요.
걔들이 반 남학생들의 생각을 이끌고 분위기도 같이
망쳐버린다는 것이 진짜 큰 문제예요.

여학생들 사이에서 그런 것은 없었나요?

---

* '자궁(子宮)'을 의미. 자궁은 아이를 품는 곳만이 아니기에 세포 포(胞)에 집 궁(宮)
을 써서 포궁이라 표현.

제가 보기엔 여학생들도 세 부류로 나뉘는 것 같아요. 저 같은 애들, 흘러가는 대로 사는 애들, 그리고 남학생들과 비슷하게 생각하는 애들도 있고요.

페미니스트로 이미지가 굳어진 저희에게 정말 증오심을 갖는 애들은 소문을 퍼트려요. 하지 않은 일까지 섞어서 학년 전체에 소문을 퍼트리는 거예요.

또 폭력적이진 않은데 문득 서글퍼지는 얘기들이 오고 가기도 해요. '나는 못생겨서 안 돼, 이번에 성형해야 해'라는 얘기는 정말 당연하게 나오고 당연하게 여성혐오적인 욕설인 쌍시옷 욕을 많이 써요. 특히 뒤에 '년'을 붙여서요. 심지어 남학생들끼리도 서로에게 '년'을 붙여서 욕을 해요. 애초에 그 욕이 여혐이라는 것조차 인지하지 못하고 있는 거죠. 페미니즘에 관심을 가지는 사람들과 페이스북만 보고 살았던 사람들은 아예 분리가 된 느낌이에요. 넘을 수 없는 벽이 생긴 기분이 들어요.

그럼 지금도 고등학교 친구들은 같은 스탠스인 건가요?

네, 같은 스탠스예요. 어쩔 수 없이 이제는 그런 친구가 아니면 완전히 가까운 사이가 되기는 힘들더라고요.

그럼 그런 친구들은 어떻게 서로를 알아봐요?

아무래도 트위터를 하는 친구들을 찾으면 어느 정도는 그런 친구들이 모이는 것 같아요. 중학생 때는 친구들이 어떻게 변화했는지 생각해보면 각성한 친구들이 다른 친구들에게 전파하면서 서서히 퍼트렸던 것 같아요. 한, 두 명씩 변하면서 무리 전체가 그런 주제를 가지고 대화하고 바뀌게 되는 거죠. 대화를 하다가 관심사가 같은 친구를 찾기도 하고요.

마지막으로 교내 여성혐오에 대해서 하고 싶은 말이 있나요?
솔직히 남학생들과는 도저히 섞일 수 없는 차이가 생겼다고 생각해요. 그래서 가장 중요한 것은 '어떻게 하면 여자애들에게 더 좋은 영향력을 끼칠 수 있을까'인 것 같아요. 스스로도 많이 고민하고 있는 문제예요. 페미니즘 의제를 커뮤니티 안에서만 공유하는 것이 아니라 밖으로도 퍼트리는 것도 중요하다고 생각해서 인스타에서 N번방 해시태그가 돌았을 때도 은근 기뻤거든요. 그런 식으로 주변으로 퍼트리고 싶어요.

본인이 생각하는 탈코르셋의 의미는 무엇이라고 생각하세요?
한마디로 사회적 여성성 타파죠. 〈탈코일기〉라는 만화를 되게 좋아해요. 그 만화의 초반에 '탈코르셋의 의의는 사회적 여성성 타파, 더 나아가서는 남성성의 무력화'라는 말이 있어요. 그게 탈코르셋의 목적이라고 생각해요.
그리고 저희는 여성과 남성의 모습이 태어날 때부터
다르다고 여기잖아요. '태어날 때부터 그런 것이 아니라
그렇게 길러진 것이다. 세상에 이런 여자들이 있다'는 것을
보여주는 것이 핵심이라고 생각해요.

**탈코를 하고 경험할 수 있는 긍정적인 경험에는 무엇이
있다고 생각하시나요?**
우선 생활이 편해졌어요. 처음에 외적 탈코르셋만 했을
때는 '편하다' 정도로만 생각했는데 이렇게 지내다 보니까
확실히 저를 다른 시선으로 보는 것이 느껴져요. 예전에
화장을 하고 짧은 치마를 입었을 때 보는 시선과는 달라요.
공동체에서 사람으로서 받아들여지는 것 같다는 생각이
들어요. 그리고 저를 보면서 머리 자르는 것을 고민하는
친구들도 있고 바지 교복을 산 친구들도 있어요. 주변에
어린 아이들이 몇 명 있는데 그 아이들은 제가 여잔데 왜
머리가 짧은지 의아해하더라고요. 그래서 더욱 이런 모습을
보여주는 것이 필요하다고 생각해요. 그것이 가장 긍정적인
경험이고, 제가 이 변화를 빨리 깨달았다는 것이 가장
긍정적인 변화에요.

구체적으로 들어가서 심리적인 변화에는 어떤 것이

있을까요?

화장을 진하게 한 얼굴을 잘 못 봐요. 예전에는 제 얼굴을
보정해서 코를 세우고, 얼굴을 깎는 것이 아무렇지도
않았거든요. 그런데 어느 날부터 '화장과 보정은 내 얼굴의
안 좋은 부분을 찾아서 고쳐나가는 행위구나'라는 생각이
들었어요.

진하게 화장한 얼굴을 못 보는 것은 불편해서 그런 건가요?

요즘에는 성격적으로 멋있는 여성 캐릭터도 많이
나오잖아요. 그래도 그 캐릭터가 너무 심한 노출을 하고
있거나 화장을 진하게 하고 있으면 '있는 그대로 좋아하기엔
문제가 있지 않을까?' 하는 생각이 들어요. 확실히 그
얼굴이 불편해졌어요.

그리고 렌즈나 속눈썹, 글리터 등을 붙이고 있는 사람을
보면 '저 사람은 저것을 하면서 얼마나 많은 시간을
들였을까, 자신을 위해서 쓸 수 있는 시간을 저걸 하면서
얼마나 투자를 했고 피부를 얼마나 망쳤을까' 하는 생각이
들어요. 당사자가 걱정되기도 하고요.

**많은 사람들이 그렇게 얘기하잖아요. '내가 그렇게 하면 더
예뻐 보여서, 내가 원해서 하는 건데 왜 문제를 삼느냐'라고
하면 어떻게 말을 하실 것 같나요?**

사실 이것에 대한 답변은 많은 창작자분들이 해주셨다고 생각해요. 그래서 그 친구에게 이런 창작물을 받아들일 만큼의 여유라든지 태도가 있다면 〈탈코일기〉나 〈달리는 여자〉, 〈사탕껍질〉 같은 만화들을 보여주고 싶어요. 그리고 제가 인상 깊었던 문장들을 말해주고 싶어요. '무인도에 가서도 화장할 거냐. 중국의 전족이나 서양의 코르셋 같은 경우에도 다 자기 만족이었는데 결국 어떻게 됐냐.' 그런 말들을 해주고 싶어요.

제가 최근에도 아는 동생 한 명에게 장문의 편지를 써줬어요. 그 동생이 너무 스트레스를 받기에 '너는 다이어트를 하지 않고 드레스를 입지 않아도 소중한 사람이다'라고 얘기를 해줬어요. 아무래도 자존감을 높여주는 것도 필요하다고 생각해요. 화장이 아닌 다른 것으로도 즐거움을 찾고 본연의 얼굴을 받아들일 수 있도록 자존감을 높여주는 말들을 해주고 싶어요.

여성들이 코르셋 외에 벗어나야 할 다른 것이 있다면 어떤 것이 있을까요?

'남성에 대한 사랑'이라고 생각해요. 외적 탈코르셋을 했음에도 불구하고 남성을 버리지 못하는 사람들이 많아요. 솔직히 저도 그랬고요.

만약 질문의 코르셋을 외적 코르셋으로 한정한다면,

랜펨판에서 많이 오고 갔던 논제들이 있잖아요. 내적
코르셋인 효도 코르셋이나 말투 코르셋 같은 것이요.
단순히 겉모습만 바꾸는 것이 아니라 속부터 바꿔야 해요.
태어났을 때부터 이렇게 자라도록 교육된 것이라 그것들을
탈피하려고 많이 노력해야할 것 같아요.

그럼 남성에 대한 사랑은 왜 버려야 한다고 생각하세요?
여성인권을 위해서는 남성에 대한 사랑도 버려야 된다고
생각해요. 남성애*가 여성인권에 해가 된다고 느끼는 이유는
아무래도 그들에게 파이를 주게 된다는 것 때문이죠. 계속
돈줄을 쥐어주는 것이거든요. 단순히 남자친구뿐만 아니라
남자 아이돌, 남자 연예인들을 좋아함으로써 여성들이 설
수도 있었던 자리를 그들에게 빼앗기는 거잖아요. 파이는
한정되어 있기 때문에 그들에 대한 관심 자체를 줄여야
여자들이 더 나아갈 입지를 마련할 수 있다고 생각합니다.

탈코르셋 관련해서 마지막으로 하고 싶은 말이 있나요?
저는 2018년쯤에 접했지만 제가 알기로는 16년부터 계속
되풀이되었던 담론이거든요. 굉장히 오랫동안 이 주제에
대해 이야기하고 있는데 아직도 깨닫지 못한 사람들이

---

* 남성에 대한 애정 또는 사랑.

많아요. 그래서 이제는 다음 단계로 넘어가야 하지 않나 생각해요. '구원은 셀프'라고 하잖아요. 탈코르셋 다음에는 야망이라는 주제의 흐름이 있었잖아요. 그 다음을 이어갈 담론을 많이 생각해야 할 것 같아요. 이제 사회적 여성성은 벗어났으니 그 다음은 남성성의 무력화 같은 거요.

야망이 여성들에게 중요한 이유는 무엇이라고 생각하세요?
어렸을 때를 생각해보면, 남자애들에게는 그들이 장래희망으로 삼을 직업들에 대해서 비행기 조종사, 대통령 같은 리더의 자리를 많이 보여줬어요. 그런데 여자의 가장 대표적인 직업은 간호사거든요. 간호사라는 것이 나쁘다는 것은 아니지만 보조하는 직업이잖아요. 그런 것을 보면 어렸을 때부터 꿈을 크게 갖지 못하도록 사회화되었다는 생각을 해요. 여성들은 스스로를 잘 못 믿어요. 여자들에겐 근자감이라는 것이 거의 없어요. 주변 친구들에게서도 느끼는 거지만 오만함과 약간의 무모함도 필요한 것 같아요. '남자들이 빨리 죽는 이유'라는 제목의 영상이 있는데 그 영상 속의 남성들은 무모하게 몸을 던져 뛰어들거든요. 그렇게 목숨을 버리라는 의미는 아니에요. 하지만 무모하게 행동해볼 필요도 있다는 거죠. 저는 야망이라는 단어를 알고는 있었지만 저에게 그것을 연결 짓는다는 생각은 못했었어요. 각성을 하면서 그 단어에 대해서 생각하게 된 거죠. 이제는 제 주변에 대통령이 될 여자들도 있고, 국회의원이 되고 싶은 여자들도 있고, 의사가 되고 싶은 여자들도 많아요. 그렇기 때문에 야망이 중요하다고 생각해요.

각성을 하면서 야망을 가지게 되고 본인의 목표나 꿈을 가지게 되었잖아요. 그런 과정에 있어서 어떻게 노력하셨나요?

〈달리는 여자〉라는 만화가 있어요. 그 만화의 주인공이 '내가 생각해보니까 사실 나의 어렸을 적 꿈은 그냥 멋진 커리어우먼이었어. 아무런 목표도, 그 과정에 대한 계획도 없이 그냥 멋진 커리어우먼이 되는 거지. 결혼이나 출산에 대한 계획은 없어. 20대에서 끝날 일이니까. 그 이후에는 아마, 아무도 말은 안 했지만 암묵적으로 누군가의 엄마가 되어서 아이를 키우고 남편을 부양하면서 살지 않았을까'라고 말을 하는 장면이 있는데 생각해보니까 저도 그랬던 거예요. 저도 '나중에 멋있는 사람이 되어서 일도 싹싹하게 하고 그렇게 살고 싶다'라는 생각을 했었거든요. 그때 '내가 늙었을 때나 그 이후의 계획조차 생각해보지 않았구나. 나에게 늙은 여성이 어떻게 되어야 할지에 대한 모습조차 없었구나'라고 깨닫게 되었어요. 그걸 깨닫게 된 이후로는 늙은 후에도 어떻게 살 것인지 많이 계획하고

있어요. 이전에는 공부를 잘 하지 않았어요. 공부에 대한
의지도 없었고 왜 해야 하는지도 잘 몰랐거든요. 그런데
제 미래의 모습을 생각해보니까 공부를 해야 하는 거예요.
점수를 잘 받고 싶다는 욕심도 생기고요. 그래서 공부도
열심히 하려고 노력하고 있고 절약도 하려고 하고 있어요.
노후 준비를 생각하면 돈을 막 쓸 순 없잖아요. 미래에
대해서 구체적인 계획을 세우려고 해요.

왜 일반적으로 여성들이 야망을 가지기 어렵다고 생각하세요?

미디어의 영향이 가장 크겠죠? 어렸을 때 여자애들이 보는
여자의 모습은 한정되어 있잖아요. 주인공이 아닌 조연,
주인공이지만 치마를 입은 여성, 누군가의 엄마, 주부.
어렸을 때 봤던 모습은 다 그랬던 것 같아요. 어린아이들이
읽는 만화책도 많은 영향을 준다고 생각해요. 여자아이들을
타깃으로 한 만화책 중에서는 분홍색 표지에 '어떻게
하면 요조숙녀가 될 수 있는지' 같은 것을 내비치는 책도
많았거든요.
어렸을 때부터 그런 것들에 의해 교육되고, 자라나서는
주변의 여성들이 각자의 가정 속으로 사라져버리잖아요.
미디어에선 남성과 결혼한 여성이나 결혼하기 직전의
예쁜 여성 정도만 비춰주죠. 사실 보지 못한 것은 생각하기

어렵잖아요. 그래서 야망을 가지기 힘들다고 생각했어요.

자신의 꿈을 크게 가지지 못하고 야망을 어렵게 생각하는 여성들에게 하고 싶은 말은 있나요?

항상 느끼는 것이지만 일은 항상 크게 벌리고 봐야 돼요. 다들 시작 자체를 두려워하지 않았으면 좋겠어요. 실패를 두려워하지 말란 말은 아니에요.

만약에 미디어나 내 주변에 어떤 직군의 여성의 모습이 보이지 않더라도 자기가 그 사람이 될 수 있다는 생각을 가지고 도전했으면 좋겠어요. 자기가 새로운 길을 열 수 있다는 생각을 가져봤으면 합니다.

준비한 질문은 이것이 다인데 다른 할 말은 더 있으신가요?

지금은 랟펨을 터프라고 부르기도 하고 랟펨들에 대한 배척이 조금 심하다고 느꼈어요. 그래서 어떻게 그 사이를 좁힐 수 있을까 생각하고 있어요. 그 사람들을 설득하기보다는 분위기를 어떻게 바꿀 수 있을지 고민하고 있어요. 사실 요즘 총공 화력이 굉장히 줄었잖아요. 그래서 모두가 '포기하지 말고 관심을 끊지도 말자. 즐겁게 사는 것도 좋지만 현실이 이러하니 관심을 더 가져야 한다'고 생각했으면 좋겠습니다.

트위터 타임라인을 보면, 플로우가 빠르게 변한다는 걸 알 수 있어요. 그렇기에 이 인터뷰가 의미 있다고 생각해요. 빨리 기록해놓지 않으면 마이크를 빼앗기거든요. 때문에 더 많은 래디컬 페미니스트가 자기 목소리를 남겼으면 좋겠어요. 여러분을 응원합니다.

쉐도우 대신
면허증
"이안"

각성 계기는 무엇인가요?

제가 쓸모없는 브래지어를 일어났을 때도 잘 때도 입고
다닌다는 걸 깨닫고 나서 바로 각성했어요. 집안 자체가
워낙 보수적이어서 머리 자르는 데에는 조금 시간이
걸렸지만 말이에요.

각성 후 일상에서 달라진 점은 무엇인가요?

제 인생을 위해 쏟는 시간이 많아졌어요. 이전에는
업데이트되는 남자 아이돌 영상을 하루 종일 돌려보는 것이
일상이었거든요. 하지만 이젠 그림을 그리고 글을 쓰는 등
생산적인 활동을 하거나 외국어 공부를 하면서 자기계발에

더욱 힘쓰고 있어요.

교내 여성혐오에 대해 이야기하고 싶은 이유는 무엇인가요?
여성혐오가 없다고 말하는 사람들이 있기 때문이에요.
교내에서 무슨 일이 있는지 경험담을 이야기 하는 것이
도움이 될 거라고 생각했어요.

교내에서 경험하는 여성혐오에는 어떤 것이 있나요?
저는 야자가 반강제적으로 시행될 때 학교를 다녔는데,
정혈통*으로 야자를 빼기 힘들다는 것을 알고 깜짝
놀랐어요. 물론 선생님들 재량에 따라 다르지만, 정혈통
때문에 야자를 빼고 싶다고 하면 '한 달에 한 번씩은 그렇게
야자를 뺄 거냐'며 비웃는 선생님들이 대부분이었어요.
아파도 참고 해야 한다는 말이었죠. 이해가 안 됐어요. '내가
아파서 공부를 못하겠다는데 왜 뭐라고 하지? 아플 때 쉬게
해줘야 다음에 컨디션을 회복할 수 있는 것 아닌가?'라고
생각했습니다. 생리혈이 하의에 묻은 경우에도 야자
1교시에 집에 가서 바지를 갈아입고 2교시에는 다시 학교에
오길 바라셨어요. 여성의 고통이나 불편함에 대해서 전혀

---

* '생리'를 의미. 여성의 피는 부끄러운 것이 아니기에 생리라는 완곡한 표현보다 깨끗
할 정(精)에 피 혈(血)을 써서 정혈이라 표현.

생각하지 않고 배려하지 않았죠.

**현재 교복에 대해 문제를 지적하는 목소리가 많이 나오고
있는데 이 교복이 여성들에게 어떤 영향을 미치나요?**

일단 H라인 치마를 입으면 움직이기가 불편해요. 특히
겨울에는 아무리 두꺼운 스타킹을 신어도 춥기 때문에
담요를 두르게 돼요. 치마 자체도 다리의 움직임을
제한하는데 담요까지 두르니 더 불편해질 수밖에요.
여름에는 속이 다 보이기 때문에 다리를 모으고 앉아야
한다고 말하는 선생님들도 계셨죠.

상의는 치마보다 더 불편했어요. 상의는 너무 짧아서 하의에
집어넣어도 쉽게 빠졌거든요. 결국엔 이런 불편한 교복들이
여성들로 하여금 움직임을 최소화시키고 조신한 몸가짐을
하게 만들어요. 교복 대신에 생활복이나 바지를 사게 하면서
추가 비용을 더 내도록 만들기도 하죠. 어떤 이유에서든지
그런 교복은 여성들의 삶에 도움이 되진 않아요. 돈을 더
쓰게 만들고 자신의 외형을 가꾸는 것에 더 시간을 쏟도록
만든다고 생각해요. 왜냐하면 95~100 사이즈의 옷이
애초에 작게 만들어졌기 때문에 내 몸에 맞지 않을 경우,
여성들은 자신의 몸이 잘못된 것이라 생각하게 되고 결국
극심한 다이어트로 이어지기 때문이죠.

교사들로부터 경험하는 여성혐오에는 어떤 것이 있나요?

고등학교 시절, 남선생들에게 들었던 말들에 대해 이야기
해볼게요. 한 남선생은 가고 싶은 대학을 조사한 후 상담을
받는 아이들에게 더 낮은 대학을 추천하곤 했어요. "넌 이
대학 못 간다"가 주 이유였지만 매번 그런 말로 아이들의
야망을 꺾으려고 했어요. 고3 때 벚꽃구경을 가고 싶다는
아이들에게 10년 후에 애 셋 데리고 가라고 하는 남선생도
있었고, 여고에 발령받은 것은 처음이라며 여고에 와서
꼭 꽃 이야기를 하고 싶었다던 남선생도 있었어요.
페이스북에서 친구들이 여고 발령받아서 좋으냐고 물으면
"ㅋ 너도 와"라고 답장하던 이상한 남선생도 있었네요.
"여고는 애들이 마음이 너무 약해가지고 자꾸 죽고 그래서
옥상 문이 잠겨 있어서 안타깝다, 남고는 그런 거 없어서
옥상에서 텃밭 키울 수 있다"고 말한 남선생은 박근혜 전
대통령이 탄핵되던 시절 여자는 대통령이 되어서는 안
된다고 말하기도 했죠.
사실 여자 선생님들이 말씀하신 것들도 있어요. 하지만
남선생들과 비교하면 애들 장난 수준이죠. 교사라는 직업이
보수적인 성향이 있어서 그런 것 같기도 해요. 애들이
자기는 결혼을 안 할 거라고 하면 결혼을 부추기는 선생님도
계셨고, 학교에서 잘 때 쓸 인형을 들고 다니는 숏컷한
친구들을 보고 '넌 안 어울리게 여성스럽다'고 말하는

분들도 계셨어요.

선생님들이 가지는 보수적인 사상은 아이들에게 많은 영향을 끼쳐요. 저는 이미 이 세상의 여성혐오에 대해 잘 알고 있어서 선생님들의 이야기가 잘못되었다고 판단할 수 있었지만 아무것도 모르는 아이들은 그렇지 않을 테니까요.

마지막으로 교내 여성혐오에 대해서 하고 싶은 말은 무엇인가요?

선생님들의 생각이 바뀌는 것보단 교육청에서 제대로 된 지시를 내려야 한다고 생각해요. 개인만이 체계를 바꿀 수는 없으니까요. 아이들이 제대로 된 세상에서 살아갔으면 좋겠어요.

여성에게 야망이 중요하다고 생각하는 이유는 무엇인가요?

여성들은 다른 누군가가 아닌 자기 자신을 위해서 사는 법을 알아야 해요. 여자들은 남을 위해서만 살아요. 그렇게 살다보면 자기가 좋아하는 아이돌, 남친, 아들을 위해서 사는 것이 아니라 자기를 위해서 사는 법을 모르게 돼요. 그러다 어느 순간 자괴감에 빠져요. "난 이제까지 무엇을 위해서 살아왔지?"라며 말이죠. 주로 저희 어머니 세대가 그래요. 애들 다 키워놓으니까 이제 뭘 해야 될지 모르겠는 거죠. 그제서야 자신의 꿈을 향해

달려가기도 합니다. 처음부터 그랬어도 됐을 텐데 말이에요. 저는 여자들이 태어났을 때부터 죽을 때까지 오로지 자기 자신만 생각하고 살았으면 좋겠어요.

현재 여성들은 왜 야망이 없다고 생각하나요?

일단 친구들만 봐도 그렇거든요. 제가 운전면허를 땄다고 아무리 자랑을 해도 돈이나 시간이 많이 든다며 자기는 안 하고 싶다는 친구들이 많아요. 근데 그런 애들이 화장품은 여러 개씩 사더라고요. 그 돈을 합쳐서 운전면허를 따는 게 더 이득일 텐데 말이에요. 제가 중국어 공부를 하고 작곡 공부를 하고 있다고 하면 친구들이 놀라요. 자기는 하루종일 SNS하느라 시간이 없대요. 사실 SNS를 해서 시간이 없기보다는 자신을 꾸미는 데 많은 시간을 투자해서 그렇죠.

야망이 없는 여성들이 어떤 문제를 경험할 수 있다고 생각하나요?

사회에서 하라고 하는 일을 끝마치고 나면 허무함이 들게 돼요. 다시 말하자면 애를 낳고 키워서 사회에 내보내는 일까지 마치게 되면 '나는 무엇을 위해서 이렇게 살았지?' 하는 생각을 하게 되는 거죠. 사회에서 시키는 일만 하는 것은 남자들이 여성들의 자리를 빼앗고 권력을 유지하는 데에 기여를 하는 일이기도 하고요. 매슬로우의 욕구위계이론에 따르면 인간이 최종적으로 추구하는 욕구는 '자아실현의 욕구'예요. 사회적인 지침만 따르며 사는 사람들은 이 욕구를 빼앗긴 채 살게 되는 거죠. 인간으로서의 삶을 제대로 살지 못했다고 볼 수도 있어요. 그저 여성은 비여성(남성)이 인간으로서의 삶을 살아가도록 도와주는 보조자에 불과한 거예요.

여성들이 야망을 가지는 것에 방해가 되는 요인은 무엇이라고 생각하나요?

주변의 시선과 사회적인 압박이라고 생각해요. 여자가 무슨 일을 하려고 하면 '어차피 시집 갈 건데 그런 일은 왜 하냐, 해봤자 아무 소용이 없다, 여자한테는 추천 안 하는 직업이다, 이거 힘든 일인데 진짜 할 거냐'는 식으로 의지를 꺾는 말들을 하잖아요. 그러다 보니 대부분의 여성들이 자신의 야망을 지워버리곤 하죠.

본인은 야망을 가지고 목표를 실현하기 위해 어떤 노력을 기울이나요?

저는 영어공부, 그림공부, 소설 쓰기와 운동을 해요. 사람들과 모여서 책을 읽기도 하고 중국어를 공부하기도 합니다. 경제기사를 챙겨보고, 라디오를 들으면서 시세파악을 하기도 해요.

혹시 목표를 실현하는 과정에서 겪는 어려움이 있나요?

제 주변에는 편협적인 시각을 가진 사람들이 별로 없기도 하고, 제가 그런 사회적인 시선들을 웬만하면 무시하고 살기 때문에 특별한 어려움은 없어요. 다만, 제가 하는 일들을 보면서 멋있다고 말하지만 정작 자신은 그런 일을 못할 거라고 시도도 안 해보는 친구들을 볼 때 안타까워요. 마치 자기는 어떤 일을 해도 안 될 거라는 최면에 빠진 사람들 같아요.

마지막으로 여성의 야망에 대해서 하고 싶은 말은 무엇인가요?

여성의 야망은 타오르는 장작 같아요. 내가 불을 때면서 계속 장작을 넣으면 활활 타오르지만 다음 장작을 넣지 않으면 결국 그 불은 사그라들기 마련이죠. 이런 불길들이 모여서 태풍에도 끄떡없는 불꽃이 되길 바라요.

인터뷰 소감 한마디 해주시겠어요?

여성들만의 역사가 새롭게 기록되는 프로젝트에 참여하게 되어서 영광입니다.

기숙사에서부터
보이는 차별
"쇠랑"

안녕하세요. 간단하게 자기소개 부탁드려요.

저는 18살이고 조리과에 재학 중인 쇠랑입니다.

래디컬 페미니스트로 각성하게 된 계기가 어떻게 되나요?

일전에 학교에서 한 친구가 우울한 모습을 보인 적이
있어요. 그건 예쁘다는 말 때문이었어요. 친구가 코스프레한
사람에게 예쁘다고 칭찬했더니 그 상대가 예쁘다는 말은
평가라며 거부했고, 그 말에 대해 친구는 속이 상했던
거예요. 본인은 칭찬으로 한 말이었으니까요.
당시 저는 상대가 너무 예민했다며 친구를 위로했고 이 일은
별문제 없이 지나가는 듯 했어요. 그런데 우연히 래디컬

스탠스인 다른 친구와 이 주제로 이야기를 하게 되었는데 의견이 너무나 달랐어요. 그 친구는 '예쁘다'는 것은 칭찬이 아니라 외모 평가라 주장했고, 저는 평가가 아닌 칭찬이란 주장이었죠. 결국 대차게 싸우고 집으로 돌아갔어요. 그런데 집에 가서 다시 생각해 보니 친구 말이 모두 맞다싶었죠. 그래서 래디컬 성향의 친구와 다시 대화하며 이것저것 더 찾아보게 되었고, 그러다 보니 각성하게 되었던 것 같아요. 각성 계기는 아무래도 그때라 할 수 있겠네요.

페미니스트로 각성 후 일상에서 다르게 보이는 점이나 일상에서 인상 깊은 일이 있었다면 어떤 일이 있나요?

예전에는 애들이 화장하고 화장을 해주는 게 아무렇지 않았고 그냥 한 가지의 놀이라고 생각했어요. 기숙사라는 공동생활을 하게 되고 나서 같이 이야기할 때 자기는 앞트임을 하고 싶고, 쌍꺼풀 수술도 하고 싶고, 자기는 너무 가슴이 작고, 이런 이야기부터 시작해서 서로 화장해주고 그러더라고요. 예전이었으면 아무렇지도 않았을 일들이 각성 이후에는 많이 불편했어요. 애들끼리 화장해주면서 너 너무 예뻐. 여신이야. 이런 식으로 얘기하면서 사진 찍어주고 그러면서 화장을 더 진하게 하고. 이런 모습들을 보니까 마음이 많이 안 좋았어요. 그래서 그럴 때는 자리를 피했죠.

보통 친구들 사이에서 외모평가가 있을 때 쇠랑님은 어떻게 하시나요?

저는 보통 '안 예뻐도 된다'고 하거나 '화장하면 피부 더 나빠진다'고 화장을 최대한 안 하는 쪽으로 이야기를 하고, 다이어트에 대한 이야기가 나오면 우리는 조리과라 음식을 어차피 많이 먹어봐야 하니까 다이어트를 할 수 없다. 조리과 오면 살이 찔 수밖에 없으니 다이어트는 할 수 없다. 기본 10kg은 찐다고 했는데 너는 별로 안 쪘고, 그리고 찐다고 하더라도 상관없지 않느냐 어차피 계속해서 먹어야 하는 인생인데. 이런 식으로 이야기를 하는 편이에요.

조리과 면접을 볼 때 여학생과 남학생의 면접 태도는 어떻게 달랐나요? 그리고 결과는 어떻게 되었나요?

앉아 있는 자세부터 달라요. 여학생 같은 경우는 다리를 모으고 손도 중앙으로 모으고 앉아 있었어요. 그런데 남학생은 면접관 선생님들이 앞에 계시는데도, 편하게 다리를 벌리고 앉아 있거나 허리를 세우고 앉아 있었죠. 그리고 특정 남자 면접관이 여학생들한테 선을 넘는데? 싶은 질문들을 굳이 굳이 묻기도 했어요. 면접 시 출결에서 지각, 무단이 있으면 지원자가 의기소침해질 수 있잖아요. 여학생들은 그런 질문을 받을 때 별로 이야기를 못했는데 남학생은 굉장히 당당하게 자기에 대해서 이야기를 하더라고요. 그럴 때 좀 씁쓸했어요.

면접을 보고 학교에 입학했는데 입학하고 지금까지 있었던 여성혐오가 많이 있을 거 같아요. 이야기하고 싶은 사건이 있다면 이야기해주시겠어요?

우선 정말 명백하게 차별이라고 생각이 들었던 게 있어요. 기숙사 시설에 대한 문제인데요. 여학생 기숙사는 4명~8명이 한 방을 쓰고 남학생 기숙사는 4명~6명이 한 방을 써요. 그리고 공용 공간에 쓸 수 있는 책장 개수가 여학생 기숙사는 14칸이고 남학생 기숙사는 18칸이에요. 그럼 여학생 같은 경우는 세탁물을 놓고 자기 물건을 하나씩만 놓아도 그 칸이 모자라는데 남학생 같은 경우는 칸이 여유롭게 남고 여학생 칸보다 훨씬 크고 벽 쪽에 있어서 공간 활용도 더 잘 할 수 있게 되어있어요. 그래서 이 여학생 칸도 바꿔달라고 건의를 했는데 이미 설치가 되어 있고 이런 건 바꾸기 힘들다는 말만 돌아왔어요. 결국 물건을 놓을 데가 없어서 바닥에 놓고 정리했는데 선생님께서 여학생 기숙사를 보면 지저분하다고 하고 남학생 기숙사를 보면서는 남학생은 칸에 잘 정리를 해놨다고 하셨어요.
그리고 남자선생님들이 여성혐오적인 말을 굉장히 많이 해요. 대표적으로 사람을 때리는 걸 취미라고 말하거나,

비유하면서 우리 집에는 삼천 궁녀가 있다고 하거나 "나는
여성스러운 여자가 좋다", "나는 어린 여자가 좋다" 이런
식으로 이야기도 하고. 일부 남자 선생님은 여학생들 중에
자신의 '픽'을 뽑아서 개인적으로 연락을 해요. 전화도 하고
카톡도 하고 페이스북 메시지도 하고 심지어 주말에도
불러요. 사생활에 관련된 부분까지 연락을 하기도 했어요.

**정말 열악한 환경 속에서 있으시네요. 잘 버텨내셨으면
합니다. 이렇게 여성혐오가 많은 환경인데 여성혐오 속에서
학생을 대하는 학교의 태도는 어떤가요?**
음, 아주 조금씩 나아지고 있는 거 같아요. 원래는 딱
달라붙고 라인을 강조하는 교복이었는데, 올해부터 교복
하복이 남자랑 똑같은 통으로 제작이 되었어요. 하지만
동복은 아직 허리 라인 같은 게 그대로 남아 있어요.
하복이라도 개선이 되어서 아주 조금씩 나아지고 있는 거
같아요.
그런데 아직도 취업 같은 면에서는 남자가 유리하죠. 저희
학교가 취업 위주의 학교인데 선생님이 단도직입적으로
말해준다고 하시면서 대학 진학도 남자가 유리하다 취업도
남자가 유리하고 뭐도 뭐도 다 남자가 유리하다고 말을
하세요. 그런 부분들은 계속 남아 있어요.

학교에서 여학생과 남학생의 행동이나 태도의 차이는 어떤 것들이 있을까요?

만약에 어디 대회 등을 나가야 한다고 할 때, 남학생들은 손을 바로바로 들면서 적극적인데 여학생들은 '내가 될까?', '다른 애들도 있는데 괜히 나갔다가 창피만 당하는 거 아니야?' 이런 식으로 생각하는 애들이 아직도 많더라고요.

혹시 지금 탈코르셋을 하셨나요? 하셨다면 계기가 있으신가요?

네, 했습니다. 각성을 하면서 자연스럽게 했어요. 처음에는 머리가 짧으면 '안 어울릴 거 같다'고 생각해서 예쁜 숏컷, 패션 숏컷을 했어요. 그러다 래디컬 친구가 상고머리로 탈코르셋을 한 것을 보고 '내가 한 것은 탈코르셋이 아니다'라는 생각이 들어서 바로 잘랐어요.

쇠랑님 자신이 느끼는 탈코르셋 전후의 변화는 어떤 변화가 있었나요?

일단 샤워가 3분이면 끝나서 너무 좋아요. 그리고 옷 입을 때도 크게 신경 안 쓰고. 그리고 몸무게가 느는 게 즐거워요. 원래는 제가 50kg이 넘었을 때 어떡하지 싶었는데 지금은 목표가 60kg이 넘어도 되는 거예요. 그리고 옷도 편한 것만 입어요. 저는 드로즈가 이렇게 편한 건 줄 몰랐어요.

드로즈랑 트렁크를 많이 샀는데 너무 편해요. 새로운 인생을
살고 있습니다.

**2018년, '스쿨 미투'*가 많이 일어났었어요. 그런 '스쿨
미투'를 바라보며 마음이 어떠셨나요?**

물론 마음이 아프고 그랬지만 그때는 제가 각성 전이었어요.
그래서인지 그 당시에는 저는 그 정도의 일을 당하지 않아서
안도감도 조금 들었어요. 하지만 각성하고 이 학교를 와서
뼈저리게 깨달았습니다. 스쿨 미투는 계속되어야 한다는
것을요. 사실 학교에 문제점은 많은데 그걸 여러 명의
학생들이 동참하면서 힘을 모은다는 게 굉장히 긍정적인
방향이라고 생각해요. 우리 학교도 언젠가 터트리고 싶어요.

**학생 신분으로 학교 안에서 페미니즘 활동을 하는 것이
어려움이 있을 거 같아요. 그런 어려움에는 어떤 어려움이
있을까요?**

일단 애들이 이야기를 하고 있는 것에 대해 잘못을 지적해도
잘못됐다는 것을 모르잖아요. 대부분 친구들이. 그래서
편하게 지적할 수 없어서 듣고만 있어야 한다는 점이 많이

---

* 교내 성폭력 고발 운동. 학교에서 일어나는 성폭력에 대한 학생들의 'Me too · 미투'
운동.

불편하죠. 친구들이 여성혐오 욕을 한다거나 정말 나쁜
사람을 '년'을 붙여서 욕을 한다거나 그럴 때 제가 뭐라고 할
수 없고 듣고 있어야만 한다는 점이 불편하죠.

**학교 내에서 친구들과 적이 되지 않고 페미니스트로 있기
위해 어떻게 해야 한다 생각하시나요?**
저는 제가 친하다고 생각하는 사람들에게는 아예 아무
말도 안 하고 가만히 있지만은 않아요. 적당히 비꽈서
이야기하죠. 애들이 외모 지적을 한다면 그 외모 지적을
이야기하는 척 하면서 말을 돌리고 혹시 저에게도 코르셋을
씌우려고 "너는 눈이 예뻐서 아이섀도우만 바르면 너무
예쁠 거 같다"고 하면 "나는 그거 바르면 눈탱이 밤탱이
돼서 안 돼. 반짝이 눈에 진짜 안 좋다는데 그거 바르면 눈에
다 들어간다며! 그거 진짜 건강에 안 좋대"라고 이야기를
해요.

**가끔 커뮤니티에 올라오는 일화를 보면 여성혐오를
마주했을 때 쇠랑님과 같은 방법으로 넘기는 게 적절하다는
생각이 들어요.**
저도 원래 이런 성격은 아니었는데 앞에 말했던 래디컬
친구와 일화가 있어요. 그 친구와 지하철을 탔는데
그 친구가 저를 부르는 거예요. 그래서 가서 봤는데

임산부석에 남자가 있었어요. 그 친구가 남자를 보더니
"혹시 임신하셨어요? 저 임신한 남자 처음 봐요! 사진
찍어도 돼요? 제가 내릴 때 열심히 축하해드릴게요!" 이런
식으로 이야기한 거예요. 그래서 그 남자가 그 역에서 바로
내렸어요. 그걸 보고 되게 존경스럽다고 생각했고, 나도
이렇게 하고 싶다는 생각을 많이 했어요. 그때부터 조금씩
연습하다 보니까 지금은 잘하게 됐습니다.

**학교에서 여성혐오를 하고 있는 가해자 선생들에게
실제로는 이야기하기 어렵지만 책에서나마 한마디를 한다면
어떻게 말씀하고 싶으신가요?**
퇴직해라. 당신들은 학교에서 학생들에게 좋은 영향 줄 수도
없고 오히려 벌레들만 더 자랄 것이다.

**학교에서 페미니즘이 지속적으로 실천되려면 학교 측은
어떻게 해야 한다 생각하시나요?**
우선 번호를 성별 순서가 아닌 이름 순서로 해야 합니다.
조리과 같은 경우는 음식 수행평가가 많이 있는데 그것도
번호순으로 해요. 그렇게 되면 뒤 번호인 여학생들의
음식은 식어요. 또, 체육 시간에도 앞 번호부터 평가하니까
수행평가가 안 끝났는데도 종이 쳐요. 그럼 뒤 번호인
여학생들은 못하게 되죠. 이런 일들이 자주 발생하기 때문에

바로 바꿔야 한다고 생각합니다. 또, 교복을 편하게 바꾸는 것도 중요하다고 생각해요.

마지막으로 인터뷰 소감이나 하고 싶은 이야기가 있으시면 이야기해주세요.

인터뷰를 처음 해봐서 잘 한 건지도 모르겠어요. 그렇지만 이야기하는 것을 좋아해서 굉장히 즐거운 시간이었고 인터뷰어님께서 잘 이끌어주셔서 감사합니다. 또, 이런 기회가 있다면 또 해보고 싶습니다. 감사합니다.

스쿨 미투가
일어날 수밖에 없는 학교
"김공망"

각성 계기는 어떻게 되는지 궁금해요.

각성한 지는 3년 정도 됐는데, 트위터로 페미니즘을
배웠어요. 제가 생각하기에 바른 말을 하는 사람들,
생각하지 못했던 것들을 집어주는 사람들을 팔로우해서
글들을 읽는데 '이거다'라는 생각이 들었어요. 저보다 먼저
각성한 사람들이 제가 생각하지 못했던 것을 제안 해주어서
영향을 많이 받았죠. 그 후로 벼르고 있다가 기말고사가
끝나고 머리를 잘랐어요.

각성 후에 달라진 점이 있나요?

인간관계에 많은 변화가 있었어요. 지역 페미니즘 모임방을

만들었는데 사람들이 19명 정도 모였어요. 굉장히 다양한
연령대에, 하는 일도, 좋아하는 것도 다른 많은 여성들을
알게 된 것이 가장 큰 변화죠. 지금도 계속 친하게 지내고
있고 그 범위를 넓혀가는 중이에요. 부정적인 변화도 있는데
엄마랑 많이 싸우게 된 것이에요. 이번 회사 면접 보러 갈
때도 제일 깔끔하고 단정한 차림으로 갔었는데 '칙칙해
보인다. 입술이라도 발라라'라는 말들로 외관을 제재해요.
'머리가 남자 같다. 중성화 수술한 것 같다'는 말을 들은
적도 있어요.

아직도 그런 말을 많이 듣나요?
네. 2-3달에 한 번씩 3미리로 보란 듯이 머리를 아주 짧게
자르는데 그러면 아무 말도 안하더라고요. 그러다 머리가
조금씩 길어지면 그때부터 '조금만 더 길러봐라, 예쁜 숏컷
정도로만 해라'라고 잔소리를 해요.

**학교 안에서 경험할 수 있는 대표적인 여혐에는 어떤 것이
있나요?**
학교 자체에서 '너희는 남자랑 달라'라고 하면서 성역할을
정해요. 저랑 친구들은 활동적이라 체육시간에 축구를
하고 싶었는데, 남자들에게는 공 가지고 놀라고 하면서
저희한테는 쉬라고 하더라고요. 결국엔 선생님에게 허락을

받고 친구들과 공놀이를 하면서 놀긴 했어요.

머리가 긴 친구가 '똥머리'를 하고 등교를 했는데 뒷목이 다 보인다면서 제재를 하기도 했어요. 그런 규정이 있는 것도 아닌데 말이에요.

그리고 하복을 입을 때도 스타킹을 신어야 했는데 더워하는 친구들은 스타킹을 안 신기도 했거든요. 그러면 '왜 여자들이 스타킹을 안 신어? 너네가 보기에도 너희 맨다리는 좀 그렇지 않냐?'라는 말을 했는데 같은 반 친구들은 '맞아, 제모 좀 해야겠어'라고 말하면서 동조를 했어요.

같은 학생들 사이의 여혐에는 어떤 것이 있나요?

얼굴을 평가해요. 각성하고 탈코를 한 후 겪었던 건데 친구 중 한 명이 저를 굉장히 꾸며주고 싶어 했어요. 유행에 맞춰서 꾸며주려 하기도 하고 어떤 남자 아이돌을 닮았다면서 얼굴을 평가하기도 했어요. '너는 오늘 눈이 좀 부었네, 얼굴이 부었네. 얼굴이 칙칙하네, 팩트 좀 발라라.' 제 얼굴을 지적하면서 화장을 계속 강요해요. 그렇게 해서 팩트를 바르면 '립도 발라라' 하면서 파우치를 다 주는 거예요. 애초에 위생상으로도 안 좋고 그걸 왜 저한테 강요하는지 모르겠어요.

그리고 '저런 건 남자애들이나 하는 거지'라는

패배주의적인 생각을 하거나 자기혐오를 굉장히 많이
하고 선생님한테까지 여혐해요. 저희 담임선생님이 여자
선생님이셨는데 저희 케어를 굉장히 안 해주셨거든요.
그 선생님한테 화가 나는 건 동의를 하는데 쌍욕에
'패드립'까지 하면서 욕을 하는 거예요.

교사들이 평소 수업 중에 여성혐오적인 발언을 많이 하나요?
네, 한 교사가 '너희는 100억이 생기면 뭐 할 거야?' 하고
맨 앞줄에 앉은 여학생들을 하나씩 잡고 물어봤어요. 친구가
집을 산다고 하니까 코웃음 치면서 '야, 뭔 집을 사. 100억
정도면 화장품이나 백을 산다고 얘기를 해야지'라고 말하는
거예요. 그래서 제 친구가 '전 집이랑 차 살 건데요?' 하니까
'에휴' 한숨을 쉬더라고요. 그 뒤로 화장품이랑 백을 산다는
대답이 나올 때까지 다른 학생들에게 물어봤어요.

**어떻게 보면 교사들이 여성혐오를 강요하는 거네요. 그 외에
수업 중에 겪는 여성혐오에는 어떤 것이 있나요?**
교사들이 하는 여성혐오 발언들이 제일 많고 교과서에도 꽤
많아요. 대표적으로 영어랑 국어. 영어는 '주인공 이름 듣고
성별 맞추기'가 있어요.
국어에서는 '여성적 어조, 남성적 어조'가 대표적이죠.
작가가 여잔데 그 작가가 쓴 글 중 하나는 여성적 어조고,

하나는 남성적 어조래요. 여자가 썼으니까 다 여성적 어조죠. 그리고 중학교 때로 넘어가면 소설 〈운수 좋은 날〉의 '김첨지'가 대표적이죠.

그 문학 작품이 왜 여성혐오적이라고 생각하세요?
가정폭력을 정당화하는 것이 여혐이라고 생각해요. 가정폭력을 한다는 묘사가 뻔히 나와 있고, 적게 돈을 벌면서 그 돈을 술 마시는 데에 쓰고 아내한테 돈 안 주고, 약 사주면 나을 수 있는 병인데 그러지 않아서 아내가 죽었잖아요. 아내가 죽은 날에도 집 들어가기 싫어서 술만 엄청 먹고, 들어가던 중에 설렁탕 하나 사들고 갔는데 죽어 있는 아내 보고 때렸죠.
설렁탕 하나 사간 것을 아내를 향한 사랑이라고 포장하는 것도 이상한데 젖먹이 아기를 그 감정을 표현하는 장치로 한 것도 기괴하거든요. 아기가 엄마를 애타게 그리워하며 울었던 장면이 있었던 걸로 기억해요. 아기의 엄마는 아빠 때문에 죽은 건데 그 아기의 울음을 왜 아빠를 보호하는 용도로 사용했는지 모르겠어요. '아기를 불쌍하게 바라봤다'는 묘사가 있던 걸로 기억해요.

그 아기가 김첨지의 슬픔을 더 극대화하는 요소로 사용되었던 것 같아요. 그리고 수업시간 중에 경험한 다른

여성혐오가 있었나요?

성교육 선생님이 '여자와 남자의 신체적 차이는
분명히 있지만 그게 신체 차이 때문에 발생하는 차별을
정당화하지는 않는다'고 말을 했었는데 그걸 듣고 남학생이
"선생님 페미년 아니에요?"라고 하기도 했어요.

**수업시간에 선생님에게요? 저는 사실 성교육 시간에는
남학생들이 희롱하듯이 이상한 반응을 하면서 분위기를
흐릴 거라고 상상했거든요.**

네, 그런 것도 있어요. '그런데 남자가 수학을 더 잘하는
건 사실이잖아요.' 이런 식으로 태클을 걸어요. 성교육
시간에는 여남 따로 반을 분리했으면 좋겠어요.
그리고 어떤 사회 선생님이 '나는 여자들이 좀 더 목소리를
냈으면 좋겠다. 여자애들이 집안일을 안했으면 좋겠다'라고
말을 하신 적이 있어요. 하지만 모순적이게도 '그런데 내
아들이 집안일 하고 아내가 바깥일 하면 말릴 거다'라는
말도 하셨어요.

**일반적으로 래디컬 페미니스트는 교복이 여혐이라고 주장을
하잖아요. 왜 여혐이라고 생각하나요?**

여성 교복은 바지 교복이 잘 안 나오고 다 치마잖아요. 바지
교복이 있다고 하더라도 다 상의 길이가 짧고 위가 조이죠.

여자 하면 S라인에 치마 입은 모습을 상상하잖아요. 그런데 그 역할을 교복이 더 고착화하는 느낌이에요. 교복 상의의 허리 라인이 들어가 있고, 광고에서 치마의 성능이 아닌 '핏'을 살렸다고 얘기하잖아요.

여자 교복 상의가 짧다보니까 팔을 들어 올리면 셔츠도 같이 올라가서 불편하잖아요. 그래서 반팔을 입으려고 해도 학교에선 못 입게 한다고 들었거든요.

저는 중학교 때는 입을 수 있었는데, 사실 안에 반팔 티를 입는 것도 이상해요. 한여름에 더운데 브래지어를 입고, 브래지어가 안 보이게 런닝을 입고, 런닝이 보일까봐 반팔 티를 입고 그 위에 교복을 입어요. 애초에 교복을 왜 비치게 만들었는지 이해가 안 돼요.

여자 교복이 여름에는 덥고 겨울엔 춥게 만들어 놓은 것 같더라고요.

맞아요. 겨울에 추워서 치마 안에 체육복 바지를 입는데 그렇게 입으면 제재하잖아요. 여자들은 따뜻해야 된다고 말하는 것도 웃긴데, 그러면서 치마를 입히는 게 모순적이에요. 중학교 때는 항의를 넣어서 '한파주간'이라는 것을 시행했는데 그때만 체육복을 입고 다니게 해줬어요. 그때가 특별히 더 추운 거지 그때가 아니라고 안 추운 건 아닌데, 특별히 더 추운 날에만 선심 쓰는 척 '우리가 너희의 의견을 수용했다'는 식으로 퉁치고 넘어갔어요. 애초에 남자들은 바지도 넉넉하고 교복 불편할 일이 거의 없어요. 남자 교복을 입었는데 주머니가 너무 깊어서 허벅지 반까지 들어가는 것을 보고 놀랐어요. 반면에 여자들은 교복이 너무 불편해요. 팔 들면 상의가 다 들리고, 동복 교복도 허리 라인이 들어가 있어서 움직이기 불편하죠. 여자들은 그런 게 불편해서 사복을 입고 다니고, 안에 체육복 바지를 입고 다니는 건데 그걸 보고서 '남자애들은 교복을 단정하게 입는데 여자들은 왜 그러냐'고 해요. 여자 교복엔 틴트 주머니나 코르셋 라인 같은 디자인에만 치중하고 실용성은 전혀 없는 것들을 넣어요. 그런데 여자들이 아직 그걸 좋아하기 때문에 그 굴레를 끊을 수가 없어요. 여자들이 디자인이 아닌 활동성 있는 편한 옷을 더 추구했으면 좋겠어요.

바지 교복은 어떻게 입어보게 된 거예요?
각성했던 시기에 동복치마가 바람이 불면 펄럭거려서 너무 싫은 거예요. '내가 겨울에도 펄럭거리는 치마를 입으면서 춥게 다녀야 하나?' 이런 생각을 하자마자 바지를 샀어요.

그럼 여자들이 바지 교복을 입는 거에 대해서 규정이

없었어요?

규정 자체가 없어서 제가 물어봤을 때 선생님들도 '그래, 입어라' 하셨죠. 제가 바지 입기 전까지는 여자는 치마, 남자는 바지만 입었는데 제가 바지를 입고 나서 저희 학년에도 바지를 사서 입는 친구가 생기기도 하고, 신입생들도 제가 바지를 입고 다니는 것을 보고 '바지를 입어도 되는구나!' 하고 애초에 바지 교복을 사서 오기도 했어요.

저는 '여학교'를 다녔는데 바지 입는 학생들이 간혹 가다 보였어요. 그런데 바지 교복을 입으려면 교장의 허락을 받아야 된다고 했는데 다른 학교도 그런 것 같더라고요.

저희는 애초에 교복에 바지가 없잖아요.

학교에서는 페미니스트라고 밝히는 편이신가요?

저는 안 밝히고 다니려고 했는데 다들 알더라고요. 학교에 페미니즘 책을 가져가서 읽고 체육시간에는 페미니즘 관련 티셔츠를 입기도 했거든요. (웃음)

그때 들었는데 남자애들 사이에서 공공연히 돌아다니는 리스트가 있대요. 자기가 생각하기에 기분 나쁜 여자들, 자기가 볼 때 짜증나는 애들을 모아둔 리스트가 있는데 거기에 제가 '페미년'으로 들어가 있었던 거죠.

그렇게 학교에서 페미니스트로 밝혀지면 불편한 것들이 있을 것 같은데 어떤 불편한 일을 겪으셨나요?

남자애들이 저를 건드리는 것이 불편했어요. 급식을 먹으러 가는데 같은 학년 남자애들이 낄낄거리다가 저한테 '언냐, 재기해' 이런 얘기를 하면서 웃는 거예요. 그게 굉장히 잦아서 짜증이 났죠. 제가 페미니스트라는 것을 같은 학년의 남자애들이 다 알고 있었기 때문에 모두가 한마음 한뜻으로 저를 조롱했어요. 신경 쓰이고 거치적거리고 불편하더라고요.

몇 년 전부터 계속 스쿨 미투 운동이 진행되고 있잖아요. 아직까지 스쿨 미투 운동이 활발하게 일어나고 있는데 어떤 변화가 있었다고 생각하나요?

스쿨 미투를 통해서 '생각해보니 이것도 그랬네, 이 선생님도 그랬네'라는 생각을 하게 되면서 학생들의 인식 변화는 분명히 있었다고 생각하는데, 제도적 변화는 전혀 없었다고 생각해요. 중학교는 그래도 교육부가 제지할 수 있는 부분이 분명히 있는데, 그걸 학교 측에서 그냥 덮고 쉬쉬하거나 교육부가 알아서 하라고 하면서 방치하거나 하죠. 고등학교는 사립이 많기 때문에 교육부에서 제재를 하는 것이 더 힘들어요. 그래서 그냥 제대로 처리하라는 권고만 내리고 끝나는 거예요. 그럼 학교는 권고 받고 넘겨버리면 끝인 거죠.

저희 학교에서도 교장이랑 교감, 학생주임이 노크도 없이 여자 화장실 문을 열고 다녀서 스쿨 미투가 터졌어요. 저희는 여남 공학이었으니까 여자들이 화장실에서 옷을 갈아입는데, 그때 학생들이 화장실에서 옷을 갈아입고 있었으면 어떻게 하려고 그랬는지 모르겠어요.

여자 화장실 문을 굳이 열었어야 했나 싶네요.

그냥 뭐하고 있나 보려고 문을 한 번씩 열고 다녀요. '굳이 여자 화장실까지 들어갔어야 했나?' 하는 생각에 누군가가 학교에서 공론화시켰고 난리가 났었죠. 그런데 저희 학교는 특성화고니까 학생들은 스쿨 미투보다 자기 앞날이 더 중요한 거예요. '우리 학교 이미지 망치면 나 취업 못하는 거 아니야?' 하는 생각 때문에 친구들이 그걸 덮었어요. 누가 압력을 준 것도 아니었는데 말이에요.

해결된 것은 없었겠네요?

네. 수업시간에 '이런 말 하면 나도 걸리나?', '야, 너네 무섭더라' 하면서 무섭지도 않은데 비꼬면서 말하기도 했어요. 그런데 제 친구 학교에서는 스쿨 미투로 남교사가 잘렸다고 하더라고요. 그 학교도, 우리 학교도 사립이었는데 그 학교는 여고였어요. 여고 학생들이 민원 넣고 모부님한테

말하고 항의해서 그 남교사가 사임을 했더라고요. 그런 식의
좋은 변화는 있죠. 그런데 그런 변화는 여고에서만 나오는
게 아쉬워요.

마지막으로 교내 여성혐오에 대해서 하고 싶은 말이 있나요?
우선 아무리 인식이 바뀌어도 교육부 지침이 바뀌지 않으면
말짱 도루묵이라고 생각해요. '수능에 페미니즘적인
지문이 한 개 출제됐다.' 이런 것 가지고는 안 되고 애초에
교육 방식, 교육 지침을 바꿔야 해요. 제도가 바뀌어야
동의하지 않았던 사람들도 가랑비에 옷이 젖듯이 스며드는
것이거든요. 페미니즘적인 생각을 하지는 않더라도
페미니즘 이슈를 말하면서 '나는 이렇게 배웠어'라고 말을
할 수 있어야 해요. 교내 여혐 이슈에 대해서 교육부에서
'이건 옳고, 이건 틀리다'라는 매뉴얼이 있으면 우리가 그걸
배우고 교내 여혐에 대해서 우리가 당당하게 지적할 수
있잖아요. '성차별적인 발언이다, 여성혐오적인 발언이다,
타인의 외모를 평가하는 것은 잘못된 것이다'라고 당당하게
지적할 수 있는 거죠. 틀린 걸 틀렸다고 말할 수 있는 환경이
만들어졌으면 좋겠어요. 그렇게 되면 언젠가 그게 옳다는
것을 알게 되는 날이 올 거예요.
그리고 학교 관리를 잘했으면 좋겠어요. 양날의 검이지만
교육부에서 강제적으로 처벌을 내릴 수 있는 권한이

필요하다고 생각은 해요. 그렇게 될 수 있도록 정책을 잘
활용했으면 좋겠어요.

더 하고 싶은 말이 있나요?

친구들이 정치에 더 관심을 가졌으면 좋겠어요. 정치를
모르니까 현실에 더 순응하는 것이라고 생각해요. '내가
바꿀 수 없잖아. 내가 힘이 없는데 뭘 어떻게 해'라고
생각하는 사람들이 많거든요. 정말 불편한데 내가 힘이
없어서 바꿀 수 없으니까 그냥 참고 넘어가버리는 거잖아요.
정치를 배우면서 '내가 바꿀 수 있구나' 하는 것을 알게
되었으면 좋겠어요. 정치를 안다고 다 바꿀 수 있는 것은
아니지만 그래도 할 수 있는 일이 있다는 사실을 다들
알았으면 좋겠어요. 저도 원래 정치에 관심이 없었는데
각성하고 나니까 다 정치가 내 생활 하나하나와 다 연결되어
있는 거였더라고요. 그런데 그걸 내가 신경을 안 쓰면 안
되죠. 정치에 신경을 쓰면 내가 사회의 전반을 바꿀 수
있다고 생각해요. 저는 '돈은 없지만 나도 한번 열정은
불사를 수 있지 않을까' 해서 여성의당 활동을 하고 있어요.
중간에 잠깐 쉬더라도 앞으로만 갑시다. 나중에 각자의
정상에서 다 같이 만났으면 좋겠어요!

모든 곳의
청소년 혐오
"공백"

간단한 자기소개 부탁드립니다.

야망을 가진 청소년 래디컬 페미니스트 공백입니다.

각성 계기가 무엇인가요?

유튜브를 보고 있었는데 '불편한 용기' 시위 영상이 뜬 거예요. 들어가서 봤더니 눈물이 너무 많이 나더라고요. 처음엔 그냥 보다가 후반으로 갈수록 눈물이 막 나서 펑펑 울면서 봤어요. 그때부터 페미니즘을 알아가기 시작했죠.

그렇게 래디컬 페미니즘을 접한 후 달라진 점이 무엇인가요?

전에는 우울증, 무기력증, 자기혐오가 심했어요. 하지만

래디컬 페미니즘 안에서 자기계발이나 탈코르셋 논의를
접하면서 그런 것들이 많이 나아졌어요. 내가 싫어했던 나의
것들이 싫어할 만한 이유가 아니었다는 걸 알았거든요.
그래서 우울증도 많이 나아지고 일상 그 자체가 변했어요.

래디컬 페미니스트의 삶은 무엇일까요?
나한테 당당할 수 있는 삶.

**그럼 학교 안 래디컬 페미니스트의 삶은 무엇인가요? 이유도
알려주세요.**
다양성. 사실 제가 머리를 잘랐다고 애들이 저를
페미니스트로 생각하지는 않잖아요. 그냥 '머리를 짧게 자를
수도 있구나'라고 생각하죠. 그런 다양성을 제가 보여주는
것 같아요.

**그렇게 래디컬 페미니스트로 살아가며 가장 먼저, 가장 크게
보인 여성혐오는 무엇인가요?**
역시 화장이요. 화장하면 선생님들이 잡고 지우게 하잖아요.
하루에 두세 번도 더 지우는데 계속 하는 거예요. 걸리면
닦고, 걸리면 닦고…. 그걸 보면서 저렇게까지 화장을 해야
하나 싶었어요. 너무 생각이 많아져서 가장 눈에 띄었던 것
같아요.

공백님은 탈코 전에 화장하셨나요?

안 했어요. 화장은 예쁜 애들이 하는 것으로 생각했어요.
예쁜 애들의 권력이다. 그래서 안 했어요. 흔히 말하는 '유사
탈코'* 상태였죠.

그러다가 탈코르셋을 한 이유가 무엇인가요?

언젠가 해야겠다고 생각했던 것은 아니었어요. 트위터
계정을 파서 래디컬 페미니스트들이 하는 말을 보다 보니까
점점 변하더라고요. '나도 저렇게 살아야지'라는 생각이
들어서 갑자기 머리를 잘랐어요.

그렇게 탈코르셋을 하고 주변인의 반응은 어땠나요?

일단 어머니는 난리가 났어요. 머리를 왜 잘랐냐고,
앙아치냐고 말했어요. 학교 친구들은 놀라더라고요. 전부터
자른다고 말했지만 정말로 자를 줄은 몰랐대요. 그런데 좀
놀라웠던 건 이후 저에게 와서 자기도 머리 자르고 싶다고
말하는 애들도 있었어요. 생각보다 많았거든요. 여성 인권에
관심이 있는 건 아니겠지만 편해 보인다고 하는 애들이
많았어요. 그리고 정말로 자른 애들도 몇 명 있었고요.

---

* 외적으로 사회적 여성성을 수행하지는 않지만 여성 인권을 위한 탈코르셋을 의식적
으로 실천하지는 않는 상태.

그럼 이제 탈코르셋에서 학생으로 넘어가서, 내가 미성년자 학생 페미니스트여서 불리한 점이 있다고 생각하시나요? 그렇다면 어떤 점이 불리하다고 느끼나요?

청소년 혐오요. 가장 흔한 건 "청소년 현생 챙겨라"라는 말이에요. 청소년이 현생 안 챙기는 줄 알아요. 트위터에 계속 공부하는 팁, 단어 외우는 팁 같은 거 올리는 사람들이 청소년들인데 무슨 현생 챙기라는 소리를 그렇게 거창하게 하는지…. 모르겠어요.

또, '위드'에서 연 정치 세미나에 간 적이 있어요. 다녀와서 집에서 그 얘기를 하니까 무슨 애가 그런 걸 듣냐고, 정치에 관심 가질 나이가 아니라고 난리가 난 거예요. 어이가 없었죠.

청소년 혐오가 어디에든 있는 거 같아요.

의견을 내는 것에 있어서 위축되는 분위기가 어디에든 있어요. 의견을 냈다가 누군가와 시비가 붙으면 "너는 나이도 어린 게"라는 말을 가장 먼저 들어요. 저번에도 그런 얘기를 들었어요. 05년생밖에 안 된 게 뭘 아느냐고요.

청소년 페미니스트의 영향력은 분명히 존재하는데요. 혹시 학교 안에서 하고 있는 페미니즘 활동이 있나요?

페미니즘 활동이라고 하기보다 개인적으로 친구들한테 가서 페미니즘을 은은하게 전파해요. 사실 페미니즘 동아리를 만들고는 싶지만 자율 동아리를 잘 안 만들어줘서 못 만들었어요.

마지막으로, 같은 청소년 학생 또는 학생 페미니스트들에게 하고 싶은 말이 있나요?

의견을 내는 것을 두려워하지 않길 바라요. 저도 페미니즘을 접하기 전부터 어린 게 뭘 아냐는 얘기를 많이 들어서 의견 내는 게 힘들었어요. 하지만 다들 자신이 생각하는 걸 잘 말했으면 좋겠어요.

소 수 자 ;

우리는
소수가
아닙니다

여자들만의
연대
"익명"

**안녕하세요. 인터뷰 시작 전에 앞서 자신에 대해
이야기해주세요.**

2017년 초순 즈음 페미니즘을 알게 됐어요. 그리고 2017년
2월에 탈코르셋을 완전히 하고 그때부터 지금까지 더욱
발전된 사람이 되기 위해 노력하고 있습니다. 원래 인터뷰
사전조사에서 같은 주제에 대해서 래디컬 페미니스트
친구와 같이 신청하고 싶었는데, 서로 주제가 겹쳐서 저는
'레즈비어니즘'을 선택해서 인터뷰에 응하게 되었어요.

2017년에 어떠한 계기로 각성을 하게 되셨나요?

엄마의 독서모임에서 〈82년생 김지영〉을 선정해서 엄마가

그 책을 읽은 후 제가 읽었어요. 그때 저는 남자친구가 있었고 뷰티 유튜버도 조금 구독하고 있었어요. 어떤 뷰티 유튜버가 페미니즘에 대한 영상을 올려서 그 영상도 보고 조금 알게 되었고, 트위터를 설치해서 페미니즘 계정들을 구독했고, 워마드 사이트를 들어가서 추천 글들을 읽으면서 알게 되었습니다. 강남역 사건으로 각성하는 사람들이 많은데 저는 그때는 아직 잘 몰랐어요. 그리고 메갈리아 사이트도 전혀 몰랐었어요.

각성 후 남자친구와 페미니즘 이야기를 나누다가 많이 싸우게 됐고 헤어졌습니다. 점점 '내가 왜 얘를 사랑해야 되지?'라는 생각이 들었고 점점 사랑해야 할 이유가 없어졌어요. 전 남자친구는 '페미는 정신병'이라고 생각하는 부류였어요. 아, 그리고 결정적인 계기가 제가 탈코르셋을 하고 나서 저랑 다니기 싫어했어요. '여자답지 않다'는 이유로. 4년을 만났었는데 전혀 아쉬운 마음이 없었죠.

각성하고 탈코르셋 후 래디컬 페미니스트로서 일상을 살아갈 때 각성 전후의 일상의 차이가 있다면 어떤 차이일까요?

음, 우선 남자친구와 헤어지고 남자를 버린 거요. 그리고 경제에 대해 관심을 가지게 됐어요. 각성 전에는 진로가 불분명했어요. 진로를 정하려 하더라도 높지 않은 것을 고르려 했었는데 이제는 남자가 하는 만큼 나도 할 수 있다는 생각을 갖게 되고 더 높은 진로를 선택하게 되었어요. 제 생각이 많이 달라져서 진로도 좀 바꼈고 여성이랑 연애도 하게 되고. 이런 점들이 많이 바뀐 거 같아요.

어떻게 보면 세상은 그대로인데 내 세상은 달라져 있다는 게 신기해요. 가족도 그대로고 친구도 그대로고 다 그대론데 내 생각이 바뀌어 버리니까 그들을 대하는 내 태도도 달라지는 게 참 신기하죠.

레즈비언의 가시화가 왜 되어야 할까요?

지금은 이성애의 가시화가 너무 많기 때문이죠. 또 게이의 가시화가 더 많죠. 그래서 여성들이 자신의 학창시절을 돌아봤을 때, 누가 봐도 레즈비언이었음에도 불구하고 그것을 놓치는 경우도 많고, 이민경 작가님의 '코로나 시대의 사랑'* 레터 메일링 서비스만 봐도, '코시사'**를 읽고 나서 자신도 학창시절에 그랬었는데 이제야 나도

---

* 이민경 작가가 주최한 여성주의 레터 메일링 서비스. 여성들이 고민을 보내면 이민경 작가 편지로 답장을 보냄.
** '코로나 시대의 사랑'의 줄임말.

레즈비언임을 깨달았다는 후기들이 굉장히 많아요.
만약에 이민경 작가님께서 '코시사'를 하지 않았다면 계속
자신이 레즈비언인지 모르고 살았을 거잖아요. 그래서
이런 레즈비언 가시화는 이성애를 하고 있는 여성들에게
레퍼런스가 된다는 거죠. 내가 지금까지 보고 듣고 자라왔던
모든 것들이 이성애였잖아요. 근데 이성애만 있는 것이
아니라는 것을 알게 되죠.
그리고 현재 대부분의 영화, 드라마는 여성혐오적이잖아요.
그런 영화나 드라마보다는 레즈비언 콘텐츠들이 더 많이
나와야 한다 생각해요. 그래서 지금은 이성애 드라마끼리
경쟁을 하는데, 레즈비언 드라마가 많아져서 레즈비언
드라마끼리 경쟁을 할 수 있어야 해요.

레즈비언 가시화가 더욱 활발하게 이뤄지기 위해서는
사회적인 분위기 같은 게 있어야 하잖아요. 그런 것들에는
어떤 것들이 있을까요?
개인과 사회의 역할을 나누자면, 앞서 말한 것처럼 개인의
역할에서는 콘텐츠 제작이 중요하다 생각해요. 사회가
주입한 이성애처럼 레즈비언 콘텐츠를 제작하여 많이
가시화시키는 것이 중요해요. 그런데 그러지 못한다면
여성 감독님들의 작품들이나 여성 크리에이터의 작품들을
많이 소비하는 것이 중요하죠. 자빱tv의 우정리노트, 가수

(여자)아이들의 oh my god 뮤직비디오 같은 콘텐츠들도요. 여성 창작가에게 후원을 해야 한다 생각해요.

레즈비언의 연대를 목적으로 하는 수단으로 '정치적 레즈비언'*에 대해 어떻게 생각하세요?

'정치적 레즈비언'은 쉴라 제프리스가 처음 이야기한 개념으로 "정치적으로 레즈비언임을 선택하겠다"라는 개념인데, 저는 동의해요. 그렇지만 다른 일반적인 여자들에게는 극단적으로 느껴질 거 같기도 해요. 그래서 무해한 방법으로 쓰이기에는 적절하지 않은 거 같아요. 제 생각에는 이성애를 하는 여성을 거의 적으로 돌리는 거 같기도 해서요. 그래서 그것보다는 레즈비언 연애와 여성 창작가들 창작물에 소비하는 게 더 나은 방법인 거 같아요.

자신이 레즈비언이라는 것이 헷갈리는 여성들이 있을 수 있을 거 같아요. '코로나 시대의 사랑' 후기를 보면 그제야 깨닫는 사람들도 있었던 것처럼. 학창시절을 떠올려보면

---

* 이성애가 여성 억압을 지탱하는 중요 기제임을 인식하고 같은 피억압자인 여성을 애정의 대상으로 삼길 선택하는 정치적 레즈비어니즘에 따라 레즈비언으로 살길 선택한 레즈비언. 정치적 레즈비어니즘은 1960-1970년대 미국과 영국 등에서 떠오른 급진적 페미니즘 운동 속에서 발전된 사상으로 레즈비어니즘을 개인적 정체성으로 보기보다는 여성 연대를 목적으로 하는 정치적 행동으로 본다.

'쟤네 친구 사이 아닌 거 같은데?'라고 느껴지는 친구들도
있었고. '여자 사이에는 우정만이 있을 수 있다' 같은 말에
속는다거나.

학창시절이나 지금 연애를 하는 것을 떠나 친구 사이 중에
여자가 '여사친'이 많은지 '남사친'이 많은지 보면 대부분
'여사친'이 더 많잖아요. 그런데 이런 사회에서 레즈비언은
너무 성애적인 관점에서만 다뤄지고 있어요. 그래서
레즈비언이라는 단어 자체의 스펙트럼을 좀 넓혀야 한다고
생각합니다. 성애적인 마음이 들기 전 아프면 챙겨주고
싶은 마음 같은 것도 다 사랑의 일부죠. 꼭 성관계가 없어도
여성을 좋아한다면 레즈비언이라고 말할 수 있어야 해요.
자신이 레즈비언인지 헷갈리는 것은 레즈비언을 너무
성애적인 관점으로만 해석하기 때문이죠.

**혹시 연애 중이신가요? 연애 중이시라면 레즈비언 연애에
대해 이야기 부탁드려요.**

저는 남성과 결혼을 했던 기혼 이반을 만나고 있어요. 국내
논문에도 '기혼 이반'이라는 용어가 있는데 그게 가부장제
이성애 규범성을 따르면서도 그 안에서 자신의 사랑을 하는
사람들을 지칭한다고 해요. 그래서 이 사람들의 존재 자체가
이성애의 규범성을 타파할 수 있다고 해요. 사실 기혼 이반
중에서는 게이가 절대 다수지만.

제가 연애 이야기를 하고 싶었던 건 레즈비언 중에서도 저와 비슷한 연애 스타일인 분들은 적을 거 같아서 제 연애에 대해 이야기하고 싶었어요. 제 애인은 제가 터닝 포인트가 되는 거잖아요. 자기가 여성을 사랑하게 될 줄 몰랐었고. 그런데 저와 연애를 하면서 친구와 있는 것처럼 너무 편하고 똑같았고, 스킨십에 있어서 여성과 여성 사이에는 무서운 느낌도 없고 불안감이나 불신이 없고 처음으로 배려받는다는 느낌을 받았다고 했어요. 연애에 있어서 우선 말이 잘 통하고 남자들이 쓸데없이 가르치려고 하는 맨스플레인*이 없어요. 이전에는 전 남자친구랑 굉장히 쓸데없는 것들로 싸웠다는 것을 알게 됐어요. 부가적인 건데 친구인지 연인인지 잘 숨겨진다는 거? 같이 파스타 집을 가더라도 여자 둘이 파스타 집에 가는 것 굉장히 흔한 일이잖아요. 아웃팅의 위험이 낮죠. 둘 사이의 관계가 성애적인 관계가 되더라도 그 성별의 6.9cm가 없잖아요? 그것만으로도 정말 동등한 성적 관계가 되죠.

레즈비언의 연애는 성애적인 관계에만 매몰되어 있다는 의견에 대해서 어떻게 생각하시나요?
그건 당연히 아니에요. 그 말이 나온 이유가 게이의 관점을

* 남자가 여자에게 가르치듯이 설명하는 태도.

레즈비언에게 그대로 투영하는 것이기 때문에 그런 거 같아요. 예를 들어 여성 전용 바와 남성 전용 바가 있다고 했을 때 여성전용 바는 여자들끼리 그냥 먹고 마시고 노는데 남자들은 그저 하룻밤 상대를 찾으려고만 하고. 그런 것에서 완전 차이가 있죠. 여자는 대화하고 가치관을 나누고 훨씬 고차원적인 사랑을 할 수 있죠. 일단 성애적인 관점을 벗어나서 다양한 관점의 레즈비언이 있다는 것이 가시화가 됐으면 좋겠어요. 성관계를 맺지 않는 레즈비언들도 많거든요.

그리고 사랑은 허상이 아니죠. 사랑이 허상이라면 사랑에 관련한 많은 노래들이나 콘텐츠들이 나오지 않았겠죠. 사랑은 호르몬 작용 중 하나예요. 그 호르몬 작용을 부정할 수 없는 거 같아요.

그렇다면 레즈비언의 연애를 건강하게 하려면 어떻게 해야 할까요?

이 주제에 대해 대전 여성주의 모임 BOSHU 라이브 방송에서도 다룬 적이 있어요. 우선 페미니스트들의 연애를 전제하고 연애를 하면서 내가 남자같이 예뻐 보이려고 코르셋을 찬다든지 너무 외모 지향적이거나 내가 너무 남자처럼 생각하는 면들이 있을 수 있는데, 그런 면들을 스스로 지양하면 좋을 거 같아요. 그리고 강조하고 싶은 건

이성애 답습은 안 했으면 좋겠어요. 포르노에 나올 법한 하네스를 사용한 성관계는 안 했으면 하고요. 팸*이나 부치** 같은 용어들을 사용하지 않았으면 좋겠어요. 그런 건 레즈비언임에도 이성애를 공고하게 하는 거죠.

이성애 답습만 안 하려고 해도 꽤 건강한 연애가 될 거 같아요.
맞아요. 사실 레즈비언 연애를 처음 하면 내가 지금까지 보거나 행해온 건 이성애의 연애방식이기 때문에 이성애의 연애방식을 레즈비언 연애방식에 똑같이 적용할 수 있을 거 같아요. 그런데 그것은 아니고, 이성애의 연애와 레즈비언의 연애는 완전히 다르다고 생각을 해야 할 거 같아요.

일반적으로 이성애 연애관계에서 여성이 더 '예뻐 보이려고' 코르셋을 더 조이잖아요. 만약 레즈비언 연애관계임에도 '예뻐 보이고' 싶은 마음이 있어서 코르셋을 조이고 싶은 마음이 있는 분들에게는 어떻게 말씀드리고 싶나요?
저도 많이 생각을 해봤는데, 남자들은 자신을 잘 보이기 위해서 예뻐 보이기 위해 화장을 하나요? 안 하잖아요.

* 레즈비언 사이에서 사회적으로 소위 '여성'의 역할을 담당하는 사람을 의미.
** 레즈비언 사이에서 사회적으로 소위 '남성'의 역할을 담당하는 사람을 의미.

꾸미기 위한 것들이 코르셋임을 인지하면 많이 조이지는 못할 거 같고. 코르셋을 조이지 않더라도 충분히 말끔하게 보일 수 있어요. 저는 애인에게 잘 보이고 싶지만 절대 화장을 하지 않아요. 왜냐면 화장을 하는 것하고 잘 보이는 것은 아예 다른 개념인 거 같아요. '화장' 자체가 이미 남성을 위해서 만들어져 있는 건데 여성을 위해서 한다는 게 말이 안 되는 거 같아요. 그리고 정말 애인을 사랑하는 사람이라면 화장을 하지 않고 애인이 건강, 돈을 지키는 것을 더 원하죠. '네가 화장한 게 좋으니까 화장한 것만 보여줘.' 이건 절대 사랑하는 게 아니죠.

근데 저도 그런 적이 있어요. 제 애인은 탈코르셋을 하지 않았는데, 제가 애인에게 화장을 하지 말라고 했어요. 그때 애인이 저한테 예뻐 보이려고 화장한다고 했어요. 그래서 제가 안 하는 게 더 좋다고 안 하는 게 더 예쁘다고 해서 한번 애인이 화장을 안 하고 온 적이 있어요. 근데 정말 제 마음은 똑같고 오히려 애인이 편하니까 좋았고. 애인도 화장을 안 하고 오니까 편한 것을 느꼈죠. 그래서 저를 만날 때는 화장을 하지 않아요. 그렇게 애인을 좋은 방향으로 변화를 시키는 것이 건강한 연애이고 사랑이라고 생각해요.

'남자를 버리다'라는 표현이 일반적인 여성들에게 낯설 수 있을 거 같아요. 남자를 버린다는 게 어떤 의미일까요?

'남성이 내 생각 내 삶에 영향을 미칠 수 있는가'를 생각하면 답이 나와요. 내가 남성을 위해 옷 입지 않고, 남성을 위해 화장하지 않고. 저는 그것을 탈코르셋이라고 보기도 하거든요. 내 인생에 남성을 0이나 마이너스. 그냥 하나의 돌멩이 같이 보는 거요.

남자를 버리고 난 후 그 전과 그 이후 남자를 대하는 태도의 차이가 궁금합니다.

이전에는 남자친구도 있었는데요 뭐. 예전에는 잘 대해줬죠. 아프면 걱정해주고 친절하게 대하고. 그랬는데 남자를 버리고 난 후에는 쓸데없이 내 감정 쓰지 않고, 인생에 도움이 되는 남성만 동등하게 대해주고 다른 남성은 거의 생각하지 않고 일말의 기대를 하지 않아요.

그럼 남자를 버리고 난 후 여자들을 대하는 태도도 달라지셨나요?

예전에는 여자를 쉽게 미워했다면 지금은 '여자가 그럴 수도 있지'라고 생각해요. 마치 남자들이 남자들을 범죄까지도 감싸주는 것처럼. 판사 검사 다 힘줘가지고 어떻게든 집행유예가 나오도록 감싸주는 것처럼.

여성들이 여성들 간의 친밀성을 가져야 하는 이유가

있을까요?

지금 남성들 간의 친밀성이 너무 공고하고 그 공고한 남성사회가 여성들을 서로 싫어하게까지 만들었어요. 맨날 여자의 적은 여자인 구도를 만들고, 메르스 갤러리를 보면 질병 메르스를 퍼트린 것도 남자인데 여자인 것처럼, 여자를 적으로 만들었죠. 이런 사회에서 여자들끼리 의도적으로 감싸주고 친밀성을 키워야하죠. 여자들과 친밀성을 키우면 사실 그 친밀함은 다시 나에게 돌아올 수밖에 없거든요. 원래 여자들은 능력이 출중한데 남성 카르텔 때문에 위로 올라가지 못했어요. 우리가 여성들 간의 친밀함으로 여성 카르텔을 쌓으면 여성들이 훨씬 더 위로 올라갈 수 있어요.

남자를 버린 여성들과 친밀성을 쌓고 싶은데 어디서 어떻게 쌓는지 모르는 사람들에게 조언을 해주신다면 어떤 조언을 해주실 수 있을까요?

우선 저처럼 여성을 쉽게 미워하지 않는 태도를 갖춰야 한다고 생각해요. 자기 주변 여성들에게 먼저 잘해주는 것부터요. 카페 직원, 어머니, 친구, 등. 그리고 인스타그램이나 트위터, 오픈카톡에서 페미니즘 친구들을 만들 수도 있어요. 사실 페미니스트가 그렇게 많지 않기 때문에 같은 페미니스트가 DM(Direct Message)을 보내면 굉장히 반갑거든요. 없으면 자기가 만들 수도 있어요. 할 수 있는 건 많은 거 같아요.

그럼 친밀한 여성들끼리 지내면 되지 한 단계 나아가서
비혼을 해야 하고, 비혼 공동체가 필요한 이유가 있을까요?

남자들이 "페미는 정신병이다"라고 하면서 페미 유튜버
신고하고 이런 것들은 그냥 무시해도 돼요. 그런데 여자들이
정말 '결혼'만 안 하면 될 거 같아요. 결혼을 한다는 건
그 남자의 인생을 책임져주겠다는 거니까. 집안일, 육아
그냥 그 남자의 인생을 책임지지 않아야 돼요. 아예 남성
비혼주의자들이 더 생겼으면 좋겠어요. 그런데 그러지
않겠죠. 여자 없이 못 사니까.

비혼은 인생을 주체적으로 자립심 있게 살아간다는 점에서
인생을 살아가는 좋은 자세라고 생각해요. 경제적으로 봐도
자기 혼자만 먹고 사는 게 훨씬 경제적이죠. 가족이라는
개념은 과거에 농경사회를 이룩하기 위해 인력이 필요했기
때문에 아이를 많이 낳았지만 지금은 그런 사회가 아니죠.
그리고 어차피 인생은 혼자 사는 것인데, 왜 남자에게
의존하는지 모르겠어요.

지금 결혼은 남성들의 인생에 여성을 보급품처럼 끼워
넣는 형식이죠. 임신, 출산, 육아를 하며 자신의 커리어가
단절되는 여성이 태반이고. 사실 자신 어머니를 포함한
주위 기혼 여성들만 봐도 결혼으로 인해 잃은 것이 많고

너는 나처럼 결혼하지 말라고 하는 분들이 얼마나 많은데 이런 사회에서 결혼을 하고 싶은지 잘 모르겠어요. 결혼을 고민하고 있는 여성들이 조금 답답해요.

비혼들끼리의 비혼 공동체를 이루기 위해서는 어떤 것들이 필요할까요?

비혼들끼리 필요하다는 생각이 들면 만들어질 거 같아요. 비혼 공동체는 필수는 아니라고 생각해요. 그리고 비혼인들에 관한 콘텐츠가 만들어져야 한다 생각해요. 한 동네에서 1인 가구들이 많이 살고 서로 알기도 하고. 다양한 비혼 공동체의 모습이 가시화가 되어야 하고. 특히 수도권 외 지역사회 비혼인들의 가시화가 더욱 필요하고요. 그리고 비혼인들이 살아가며 필요한 정보 같은 것을 담아놓은 책이나 정보 공유의 장이 있으면 좋을 거 같아요. 하지만 제일 중요한 것은 정부 정책이라고 생각해요. 지금은 주택 청약에서 1인 가구가 가점이 낮아 밀려나고 있는데, 밀려나지 않게 차별을 완화해준다든지, 비혼 여성의 대출을 완화해준다든지, 여성 안심주택을 많이 건설한다든지. 지금은 아이를 낳기 위해서 결혼을 하지 않으면 집을 사지 못할 정도로, 어떻게 해서든 정부는 여자를 결혼시켜 아이를 낳으라고 하고 있죠. 하지만 우리는 애를 낳지 않을 겁니다.

비혼을 지향하는 래디컬 페미니스트 오픈 카톡방 같은 커뮤니티를 하며 좋았던 점은 무엇인가요?

좀 전 말한 정책에 대한 이야기와 비슷한 부류의 대화를 많이 나눴고, 어떤 정책은 1인 가구인 우리를 참여하지 못하게 한다는 정보를 얻고 같이 공유했어요. 제가 래디컬 페미니스트가 되고 래디컬 페미니스트와 이야기를 하면서 정치, 경제 분야에 눈을 많이 뜨게 됐어요. 또 여성 안전도 중요한데 그 이야기를 하면서 운동도 시작하고 여성 선생님이 있는 주짓수 학원도 다니게 됐어요.

또, 페미니즘 의제들을 마주할 때 학교나 회사에서 페미니즘 이야기를 제대로 하지 못했을 경우 커뮤니티 사람을 만나서 편하게 페미니즘에 대한 의제를 나누는 것도 정말 좋아요. 영화에 대한 이야기를 하더라도 같은 분야에 관심을 가지고 있고 이야기하는 영화도 비슷해서 편하고요. "'타오르는 여인의 초상' 봤어?" 하면 그거 꼭 보고 싶다고 하거나. 이미 봐서 같이 이야기를 나눌 수 있고요. 그런 페미니즘 콘텐츠들에 대한 이야기를 발산하여 숨통이 트이는 점이죠.

그럼 혹시 그런 커뮤니티에 아쉬운 점은 무엇인가요?

약간 친목 위주로 진행되면 커뮤니티에 있는 사람들이 고이게 되니까 새로운 사람의 영입이 적어지는 게 아쉬운 부분이죠.

비혼 공동체, 커뮤니티가 사람들이 고이지 않고 지속적으로 나아가기 위해서 노력해야 할 부분은 어떤 것들이 있을까요?

새로운 멤버를 계속 영입하는 것이 중요한 거 같아요. 너무 친목 위주로만 진행되지 않는 것도 중요하고. 친목을 하고 싶으면 친목 방을 따로 만든다든지. 친목도 중요하지만 친목만 계속하면 우리 커뮤니티가 고이게 된다는 점을 인지하며 나아가면 발전할 수 있다 생각해요.

비혼을 망설이는 사람들에게 한마디 해주신다면 어떻게 말하고 싶으신가요?

망설인다는 것은 결혼에 대한 선택지를 두는 거잖아요. 결혼에 대해 선택지를 두는 이유를 알고 싶고, 만약에 남자가 진짜 좋다고 한다면 그것에 대해서 할 말은 없고요. 경제적인 이유로 결혼을 생각한다면 여성의 경제력과도 합칠 수 있어요. 만약에 그 경제적인 측면 하나 때문에 결혼을 한다면 그 후에 포기해야 되는 것들 마이너스인 측면들이 훨씬 많다는 점을 알았으면 합니다.

경제적인 측면 대표적으로 집을 사는 것 때문에 결혼을 하고 아이는 갖지 않는 딩크 부부로 사는 것에 대해서는 어떻게 생각하세요?

물론, 집 중요하죠. 중요하지만 집을 사게 되면 그 남성과

사는 것을 거의 80년을 저당 잡히는 거예요. 그리고
세계적인 비율로 여성을 살해한 사람의 절반 정도가
배우자나 동거인인데. 남자와 살면서 어떤 일이 일어날지
몰라요.
제가 페미니즘을 접하고 나서 깨달았던 건데 흑인이나
장애인, 게이의 인구보다 여성의 인구는 세계 인구의
절반인데 인구의 절반이 절반을 혐오하고 있더라고요.
수적으로 적은 수가 아닌데 철저하게 약자로 만든 사회에서
남자와 함께 산다는 게 어떻게 보면 정말 어리석은 일이라고
생각합니다.

**인터뷰에 응해주셔서 감사합니다. 인터뷰를 신청해주신
이유가 더 있으실까요?**
제가 원래 이야기하는 것을 좋아하지만 다른 것보다 기혼
이반을 가시화시키고 싶었어요. 남편, 자식이 있었어도,
있어도 여자를 만날 수 있다는 점. 그만큼 여자가 여자를
사랑할 수 있다는 점을 말하고 싶었어요. 기혼 이반에 대한
레퍼런스를 추가하고 싶었습니다.

마지막으로 한마디 해주세요.
인터뷰어님을 처음 뵀지만 어디 시위에서 뵌 것처럼 굉장히
친숙했습니다. 그리고 지금 지역 랩펨 모임이 휴식기를 갖고

있는데 이렇게 페미니즘 이야기를 할 수 있어서 굉장히 속이
시원하네요. 감사합니다.

헤테로 여성과
레즈비언
"익명"

안녕하세요. 먼저 자기소개 부탁드리겠습니다.

안녕하세요. 저는 사내 '구매팀'에서 1년 정도 일하다가
퇴사한 지 반 년 정도 된 20대 여성입니다.

**우리가 흔히 각성했다고 말을 하잖아요. 각성하게 된 계기가
있으신가요?**

제 또래 페미니스트들이 대부분 비슷할 거 같긴 한데,
메르스 갤러리에 처음 충격을 받았었어요. 래디컬
페미니스트로서 스스로를 인식했던 계기는 정확하게
기억나지는 않아요. 메르스 갤러리가 개실될 때 저는 학교를
다니고 있는 대학생이었고 여성학 동아리에서 이런저런

페미니즘의 갈래를 공부하게 되었는데 그때 가장 관심을
갖게 된 게 래디컬 페미니즘이었어요.

**각성을 하고 나서 그 이전과 이후 일상이 달라졌다면 어떤
부분들이 있을까요?**

각성하기 이전에도 뭔가 여성을 부위별로 나눠서 평가를
하거나 여성을 차별하는 것에 있어서 막연하게 '불쾌하다'는
느낌은 있었어요. 페미니즘을 알고 나서는 막연했던
불쾌감이 조금 더 구체화되고 뭔가 기분 나쁜 말을 듣거나
실제로 어떤 차별을 겪었을 때 저의 언어로 말을 할 수 있게
된 힘이 생겨서 제일 좋은 거 같아요.

예를 들어 가장 큰 건 주민등록증이 처음 나올 때 왜 나는
뒷자리가 2일까, 하고 이해가 안 됐고 지나가면서 보이는
이미지들이 이해가 안 됐어요. 항상 여성만 사회적인
여성성이 과장되어 있는 이미지로 등장하잖아요. 가장
불쾌하게 여겨졌던 건 여성의 외모에 씌워진 프레임이
너무 구체적으로 억압적이어서 그런 게 싫었던 거 같아요.
허벅지도 그렇고 발목, 가슴, 엉덩이 다. 부위별로 나눠놓고
재단하는 거요.

퇴사하시기 전 회사에서 직장 내 성폭력이 있었나요?

제가 다니던 회사가 여남 성비가 1대 9인 극 남초

회사였어요. 맨날 듣던 소리가 '결혼하면 직장 그만둘 거냐', '화장 좀 하고 다녀라' 같은 말들이고 손님이 오면 커피도 준비해야 됐어요. 다른 직원들도 많은데 제가요. 애초에 제 또래 여직원이 5명이었는데 제가 여직원 막내라 준비하게 되었어요.

항상 여직원 막내가 커피를 준비하는 것도 고정관념이에요. 남직원 막내는 어디 갔나요?

맞아요. 진짜 남직원 막내는 어디 갔니?

여성혐오적인 일상들을 마주했을 때 어떠셨나요?

참담했죠.(웃음) 그렇지만 제가 운이 좋게도 대부분 친구들이 페미니스트고 레즈비언이어서 인복이 있어서 일반적으로 혐오 발언은 명절에 가끔 만나는 남자 가족들에게만 조금 들었었어요. 주변에 남자들도 별로 없어서 쾌적하게 살아오다 갑자기 직장에서 여성혐오를 마주하니까. 매체나 미디어에서 간접적으로 들었던 여성혐오를 들으니까 지금 사는 시대를 의심했죠. 지금이 50년대인가 하고요.

직장은 갑을관계가 명확한 곳이라 대부분 어린 여성은 막내나 낮은 직급의 신분인데, 낮은 직급에도 불구하고 상황을 어떻게 해결하셨나요?

웃으면서 농담 식으로 받아치거나. 네? 이러면서 잘 안 들리는 척하면서 무시했어요. 예를 들어 '어떤 남자를 좋아하냐'고 물어보면 '저는 잘생기고 키 크고 성격 좋고 돈 많고 어린 남자요' 하고 웃으면서 이야기를 해요. 그러면 '어휴.' 그러면서 말을 안 걸어요.(웃음) 또 '화장하고 다녀라' 하면 '저 아침잠 많아서 안 돼요. 화장하고 지각하는 거보다 낫잖아요.' 그리고 제가 회사 다닐 때 가방을 안 가지고 다녔는데 '여자애가 무슨 가방도 없냐' 하면 '부장님도 안 가지고 다니시잖아요' 하고 웃으면서 이야기했어요. 그 외에는 못 들은 척해요.

익명님이 생각하시는 탈코르셋이란 무엇인가요?

페미니즘의 가장 큰 목적 중 하나가 가부장제에서 비롯된 이분법을 타파하는 것이라고 생각해요. 탈코르셋도 그 이분법을 타파하는 데 목적이 있다 생각해요. 가부장적 사회는 여성에게 어떤 방식으로든 꾸밈노동을 하게 하고 그로 인해 여성의 자유를 억압하고 통제하죠. 메이크업도 청순, 과즙, 섹시, 계절 별 메이크업 등 정말 많아요. 심지어 걸크러시 메이크업까지. 이런 메이크업이 누구는 다양함을 의미한다고 하지만, 그 이전에 아무런 메이크업을 하지 않은 여성은 존재 자체가 지워져 있잖아요. 드러나 있지도 않고 여성으로 인지되지도 않고. 그래서 탈코르셋은 화장하지 않은, 소위 디폴트* 여성을 가시화하면서 진정한 여성의 모습을 보이는 데 의미가 있다 생각해요. 그리고 남성들이 만들어 놓은 여성에게 강요하던 억압과 통제에 대해 전면적으로 맞서 싸울 수 있는 수단이 된다 생각해요.

자신이 느끼는 탈코르셋 전후의 변화는 어떠셨나요?
저도 '예쁜' 페미니스트가 되는 것에 집착했던 시기가 있었어요. 코르셋이라는 개념이 대두되기 전에는 저도 메이크업이 저의 당당함이나 자아를 표현해 줄 수 있는 효과적인 수단이라고 생각했었어요. 소위 말하는 '풀메(풀메이크업)'도 자주 했고요. 그런데 탈코 후에는 저에게 외모가 아닌 다른 점에 집중할 수 있는 시간이 많아졌다는 게 가장 좋은 거 같아요. 저의 표면적인 부분이 아닌 제 몸의 감각들이나 조금 더 지속될 수 있는 가치들에 대해 더욱 생각하게 되었어요.

'외면인 나'보다 '내면인 나'에 집중하는 것이 가장 크고 긍정적인 변화 같아요.

---

* 탈코르셋 운동에서 쓰이는 말로 아무것도 꾸미지 않은 태초의 상태를 의미한다. 인간의 디폴트 (default value; 별도 설정을 하지 않은 초기값, 기본 설정값) 상태는 '코르셋'을 하지 않은 모습이라는 주장에서 시작된 표현이다.

맞아요.

누군가가 '나는 가부장제가 만들어 놓은 이미지 때문에 치마를 입지 못했는데 그 이미지에 벗어나서 나는 내가 입고 싶은 치마를 입겠다. 이것이 나의 탈코르셋이다'라고 했을 때 어떻게 이야기하고 싶으신가요?

처음에는 무슨 말도 안 되는 소리야? 라고 생각했는데 점차 왜 이렇게 생각하게 되었는지 궁금해졌어요. 그래서 생각해봤는데 탈코르셋과 자기긍정을 헷갈려서 이렇게 주장한다고 생각해요. 탈코 후기를 보면 '내 모습 그대로 나를 긍정하게 됐다', '해방감을 느낀다', '권력을 얻은 느낌이다' 이런 후기가 대부분이잖아요. 이런 후기는 자신의 몸을 어느 정도 긍정적으로 받아들일 준비가 되어 있는 상태에서 나온다고 생각해요.

탈코르셋 운동을 포함한 페미니즘 운동이라는 건, 페미니즘이 지향하는 가치와 여성혐오가 만연한 사회가 주입하는 목소리의 괴리 사이에서 끊임없이 투쟁을 하는 거잖아요. 그런데 이 괴리를 극복을 하려면 자아성찰을 통한 자기 긍정이 필요하다 생각해요. 내가 하는 건 뭐든지 다 맞아 이런 식의 자기합리화가 아닌 자아성찰을 통한 자신의 단단함을 기르면, 외부의 목소리나 시선이 괴롭혀도 쉽게 무너지지 않거든요. 탈코르셋을 하고 꾸준히 유지하는 사람들은 탈코하면 흔히 듣는 말들을 들을 때나 '여자가 화장도 안 하냐', '입술 좀 발라라' 미디어에서 여자는 항상 예뻐야 한다고 하는 메시지 속에서 매 순간 투쟁을 하고 있다 생각해요.

저도 외모강박을 100% 버리지는 못했고, 예전처럼 화장을 하고 싶다는 생각을 가끔 할 때가 있어요. 그렇지만 충동일 뿐이지 실제로 예전처럼 스트레스를 받아 가면서 억지로 화장을 하지는 않아요. 그런데 만약 제가 외모에 대한 강박이 있고 조금 더 집착했더라면 어땠을까 하는 생각이 들어요.

종종 탈코르셋 후 아예 예전처럼 화장을 하는 사람들이 있잖아요. 그 사람들은 자기 모습 자체를 받아들일 준비가 충분하지 않았다 생각해요. 그래서 탈코르셋을 하기 전에 마인드 세팅을 하는 게 좋은 거 같아요. 최소한 자기 자신과 화해하고 긍정한 후 외부의 목소리와 함께 싸웠으면 좋겠어요. 그리고 마인드 세팅에서 중요한 것 중 하나가 사회에서 요구하는 정상성에 포함되어 본 적이 있는지 생각해보는 거예요. 여성이지만 특정한 조건 때문에 '사회적 여성'으로 받아들여진 경험이 적거나 없는 사람들이 있잖아요. 존재 자체가 가시화되지 않았던 사람들. 아웃사이더의 인생을 살아왔는데 탈코르셋을 하며 또 아웃사이더의 인생을 살아간다? 말이 쉽지 그런 선택을 선뜻 하는 건 어렵다고 생각해요. '사회가 요구하는 정상성'에 어느 정도 편입되는 여성도 왜곡된 외모 이미지를 좇느라 시달리는데 그렇지 않은, 괴리감이 훨씬 더 큰 여성들은 어떻겠어요. 이 사람들에게는 사회적으로 존재가 드러나고, 가시화되는 게 일차적인 단계거든요. 탈코르셋은 무 자르듯 이쪽 아니면 저쪽인 게 아니라 과정이고 수단이라고 생각하는데, 이런 경우에는 탈코르셋이라는 건 자기 자신과의 합의점을 찾거나 화해하고 난 뒤 이루어질 수 있는 그 다음의 단계라고 생각해요. 물론 이런 어떤 특정한 조건을 가지고 있어도 크게 신경을 쓰지 않고 바로 실천하는 사람도 분명 있을 거예요. 하지만 탈코르셋을 생각하면 두려움 감정부터 앞서는 사람이 있을 텐데, 그런 사람들은 자기 긍정이 이루어지고 나서 실천하면 좋을 거 같아요.

사실 탈코르셋은 외적 탈코르셋뿐만 아니라 내적 탈코르셋도 중요하잖아요. 그런데 SNS에서는 시각적인 부분이 많이 있다 보니 탈코르셋의 외적인 부분이 대부분 강조된 감이 있어요. 앞뒤 맥락이 쉽게 삭제되고 마치 탈코르셋을 실천하는 사람들이 무작정 다 내던지고 행동부터 하는 것처럼 뭉뚱그려지는 것 같죠. 사실 그게 아닌데.

어떤 트렌드가 등장하면 긍정적이든 부정적이든 맥락을 살펴볼 필요가 있어요. 예를 들어 '20~30대 남성들은 왜 페미니즘에 반기를 드는가'라는 문장에 '아, 멍청하네'라고만 하고 단편적으로 치부하는 것보다 '무엇 때문에 저렇게 고장 나 있나?'라고 생각하고 들여다봐야 한다 생각해요. 지피지기 백전백승이라고 하고.

탈코르셋에 거부감을 느끼는 사람들, 주체적으로 꾸미고, 이것이 탈코르셋이라고 하는 사람들, '탈코르셋' 자체에 태클을 걸고 싶다면 인터넷에 떠도는 추상적인 말들이나 이미지만을 보고 판단을 하지 말고, 감정을 덜어낸 상태에서 맥락 자체를 정리한 글을 보거나 출판된 책이나 논문을 보고 판단을 했으면 합니다.

탈코르셋 후 여성에게 가해지는 코르셋을 봤을 때 어떠신가요?

코르셋을 조이지 않아야 할 구체적인 이유를 알게 되니까 예전처럼 코르셋을 조이지 않고 아까도 이야기했지만 제 몸을 대하는 방식이 많이 달라졌어요. 제가 땀이 많아서 겨울에도 오래 걸으면 땀이 나는 편인데 예전에는 그 자체가 싫었어요. 땀 흘리는 것 자체가 부정적으로 인식됐었어요. 전에는 화장도 지워지고 옷도 달라붙고. 그런데 탈코르셋

후 운동을 시작했어요. 근력운동을 하면 땀이 나잖아요. 그래서 운동을 하고 나서 땀이 나는 것을 긍정적으로 받아들여졌어요. 코르셋을 주입하는 메시지를 보면 화가 나요. 그런데 코르셋을 조인 여성을 보면 복합적인 감정이 들어요. 단순히 차려입은 게 아니라 정말 불편해 보일 정도로 꾸밈노동을 수행하고 있는 사람을 보면 안타깝기도 하구요. 다른 여성을 볼 때는 그냥 웬만해서는 외모 자체에 신경을 좀 안 쓰려고 노력하고 있어요.

탈코르셋 운동의 가시화를 어떻게 더 확장해야한다 생각하시나요?

미디어에 계속 노출하는 것이 중요하다 생각해요. 사람은 사회적인 동물이니까 시각적인 것이 중요하죠. 유튜브 콘텐츠들이 늘어나는 것도 긍정적으로 보고 있어요.

탈코르셋을 해야하는 이유, 탈코르셋의 장점은 어떤 거라 생각하시나요?

저는 첫 번째로 '건강'이요. 친구들이나 여초 커뮤니티, SNS를 보면 살이 찌지 않기 위해 먹고 바로 토하는 '먹토'는 기본이고, 부작용이 심한 다이어트 약도 복용하잖아요. 그렇게 몸도 다 상하고. 오래오래 건강하게 살아야지 어떤 상황에서도 잘 싸우고 잘 대할 수 있거든요. 두 번째는

'시간'이요. 화장품이나 옷을 가지고 외모에 신경 써야 되는 게 사라지는 거니까 스트레스도 없어지고요. 마지막으로 '동력', '연대'예요. 시각적인 요소가 커서 페미니스트들끼리 서로가 존재함을 알아볼 수 있는 요소가 되어서 중요하게 크게 작용할 수 있다 생각해요.

탈코르셋을 염두하고 있는데 아직은 조금 두려운 사람이 있다면, 어떻게 이야기하실 건가요?
못 하는 것은 충분히 이해해요. 그 두려움을 당장은 이겨내지 못할 수도 있다 생각해요. 충분히 탈코르셋에 대해서 생각을 하고 성찰도 하고 자기가 당장 할 수 있는 것부터 작게 천천히 시작하면 생각보다 어려운 일이 아니라는 걸 알 거예요. 평소 꾸미는 것에서 하나만 빼는 것부터 시작해도 좋을 거 같아요. 너무 부담스럽게 생각하지 않았으면 해요.
그리고 탈코르셋도 페미니즘 운동에 하나의 수단인 거지 그 자체가 페미니즘의 목적이라고 생각하지는 않아요. 당장 탈코르셋을 못 했다고 해서 '나는 페미니스트가 아닌가' 하는 생각은 전혀 할 필요가 없고, 내 목적이 무엇인가 섬세하게 고찰하는 것이 필요하다 생각해요.

여성으로서의 자아정체감과 레즈비언으로서의 자아정체감,

두 개념 사이에서 스스로 어떻게 균형을 맞춰야 하는지에 대해서 어떤 이야기를 나누고 싶으신지 궁금합니다.

저는 지금 20대 후반인데 제가 20대 중반까지 바이섹슈얼로 정체화를 했어요. 다른 퀴어분들의 정체화 과정을 들으면 되게 힘들고 고통스러운 분들이 있잖아요. 근데 저는 그렇지 않았어요. 그냥 여자를 만날 수도 있겠다. 그 정도였고 퀴어 친구를 사귀는 일도 어려운 일이 아니었었고 친구들이나 가족한테도 커밍아웃하고 반 오픈 상태로 살고 있어요. 그래서 퀴어로서의 정체성이 제 자의식에 크게 들어 있지 않았어요.

그런데 여성으로서 겪는 불이익은 어렸을 때부터 느낄 수 있잖아요. 말씀드렸던 주민번호나 출석번호, 취업 과정이나 직장 생활을 하면서도 숨 쉬듯이 보고 듣는 차별적인 언행이나 연봉 격차라든지. 그래서 저는 여성으로서 겪는 차별을 타파하는 게 우선이라고 생각했어요. 여성으로서 받는 차별을 없애고 여성 인권이 더 향상된다면, 자연스럽게 레즈비언의 인권들도 올라가지 않을까, 라고 생각해서 퀴어 집단보다 여성 집단에 더 소속감을 느꼈어요. 그래서 아마 스스로가 래디컬 쪽에 가깝다는 생각을 했던 것 같아요.

페미니스트건 아니건 간에 여성이면 다 안고 가는 넓은 여성 집단 안에서는 담론이 헤테로 위주로 돌아가는 거

같더라고요. 그래서 외국에 제2페미니즘 물결을 보면
헤테로 중심적인 것들에 대해 레즈비언들이 대항하고
나오잖아요.

비혼 비출산을 외치고 가부장제를 보이콧 하는 등 래디컬
페미니즘을 지향하는 어느 여초 커뮤니티에 한 게시글이
올라왔었어요. 어떤 남성 정치인이 '동성애 좋아하지
않는다'고 발언한 내용이었는데 레즈비언 회원이 그것을
보고 "동성애 혐오 발언이다"라고 했어요. 그런데 다른
회원들은 이 발언에 동의하지 않고 오히려 그 정치인을
옹호하면서 "저게 최선이었을 거다", "저 자리에서 동성애
지지한단 말을 할 수 없지 않느냐"라고 하는 거예요. 그때
충격적이었고 소모적인 논쟁을 하고 레즈비언에 대한 혐오
싸움을 지켜보다 그 커뮤니티에 회의감이 들더라고요.
사실 비혼 비출산 의제는 레즈비언보다 헤테로 쪽에 더
관련이 있다 생각했어요. 그래서 임신중단권과 같은 비혼
비출산 의제가 나오면 적극적으로 시위도 나가고 청원도
하고 그랬거든요. 그런데 저 일을 겪고 나서 '헤테로들은
레즈비언을 별로 생각해주지 않는구나' 하고 느꼈어요.
그리로 헤테로 여성이 많은 독서모임을 가면 그런 논의들이
많이 나오더라고요. 남성과의 관계를 어떻게 하면 잘
맺어갈지에 대한 논의들이요. 물론 어쩔 수 없다고는
생각해요. 어쨌든 사회 구성원 중 반이 남성이고 매 순간

싸울 수는 없잖아요. 그런데 모순적이라고 느낀 건 남성 집단을 싫어하는 거 같으면서도 자기와 친밀한 관계에 있는 남성에게는 차마 싫은 소리를 못 하고 상황을 객관적으로 바라보지 못하는 게 있더라고요. 그리고 저는 오픈 레즈비언이라서 독서모임이나 페미니즘 모임에 가면 바로 커밍아웃을 하는데 레즈비언 담론을 접근할 때 레즈비언인 제가 앞에 있음에도 무례하게 하는 말들. 그런 것들을 겪으면서 많이 회의감이 들었던 거 같아요.

그래서 여성 집단 자체에 가졌던 소속감을 되돌아보게 되었고 예전이면 여성이면 무조건 다 같이 안고 가야지라고 생각했다면 이제는 제가 조금 더 중점으로 함께 같이 가야 할 여성 집단은 레즈비언 집단이라는 생각이 들었어요. 그 후에는 레즈비언과 바이섹슈얼 여성의 삶에 조금 더 집중하게 되었던 거 같아요.

여성으로서의 자아와 레즈비언으로서의 자아의 균형을 어떻게 맞춰가야 할까요?

저도 이제 인식하면서 균형을 맞춰가고 있는 중인 거 같아요. 하지만 어떤 정체성이든 지나치게 매몰되지는 않으려고 해요. 자기 정체성에 지나치게 매몰되어 있으면 상황을 객관적으로 바라보지 못하고 억울함만 생길 수도 있을 거 같아요. 그래서 너무 빠져 있지만은 않으려 해요.

현재 퀴어 인권 속에서 레즈비언의 인권이 얼마나 챙겨진다고 생각하시나요?

퀴어 인권을 중심적으로 말하는 쪽은 정체성의 스펙트럼을 잘게 쪼개잖아요. 레즈비언보다 더 챙겨야 하는 정체성들이 많아서 레즈비언은 챙겨지지 못하고 오히려 레즈비언이 다른 정체성을 챙겨야 하는 입장인 거 같아요.

퀴어 인권을 중점적으로 이야기하는 사람들은 레즈비언을 소수자라고 생각하지 않는 거 같아요.

사실 저는 권리를 포함해서 무언가를 주장하려면 의견과 주장이 대상을 향해서 좁혀져야 한다고 생각해요. 누구나 다 챙기고 싶은 것이야 좋죠. 좋은데 자기가 주장하는 것을 관철하기 위해서는 확실하게 좁혀진 의견이 필요한 거 같아요.

혹시 정치적 레즈비언에 대해서 어떻게 생각하시나요?

개념 자체는 긍정적이라고 생각해요. 어쨌든 레즈비언 가시화에 도움이 되고 여성들의 연대를 통해 가부장제 타파에 도움이 되는 효과적인 수단이 될 수 있다 생각해요. 우리가 살고 있는 사회는 굉장히 이성애 중심적인 사회인데 이 이성애 중심 사회에서 자신이 레즈비언임을 자각하지 못했거나 레즈비언임에도 자신의 정체성을 피하고 있던

여성들에게 자신의 정체성을 발견할 수 있는 계기가 될 수
있죠.

하지만 레즈비언은 여성을 좋아하는 여성이잖아요.
남자가 싫어서 여자를 좋아한 게 아니에요. 물론 남자는
싫어하지만. 그래서 정치적 레즈비어니즘을 수행하려면
남성에 대한 혐오 이전에 여성에 대한 연대, 애정이
선행되어야 하는 거 같아요.

남성에 대해서는 필요할 때만 분노하는 정도로만요. 매 순간
싫어하면서 에너지를 쏟고 싶지 않아요. 레즈비언들끼리
모여서 이야기하다 보면 사실 남자 싫다는 이야기도 잘 안
해요. 관심이 없으니까. 여자 이야기하기도 바쁜데 언제
남자 이야기를 해요.

그리고 레즈비언도 사람이기 때문에 너무 레즈비언의
관계에 환상을 갖지 않았으면 해요.

**여성을 사랑하고 연대하는 여성, 레즈비언에 대해 이야기를
했는데요. 이전에 SNS에서 레즈비언을 포함해서 '사랑은
허상이다'라고 하는 담론이 있었어요. 이 담론에 대해
어떻게 생각하시나요?**

과도하게 성애화되는 현상이 문제인 거지 사랑은
허상이라고 생각하지 않아요. 제가 가진 성적 욕구가
발현되는 게 어떤 매체에 의해서 학습된 부분이 있지만

어쨌든 존재하는 욕구잖아요. 그것을 허상으로 치부하는
것은 아닌 거 같아요. 사랑하는 사람과 어떤 방식으로든
친밀한 관계를 맺고 싶은 것은 자연스러운 현상이라고
생각해요. 다만 이 현상이 성애적인 측면으로만 발현되고
성애적인 측면이 가장 친밀한 관계라고 정의하는 것이
문제인 거 같아요. 그래서 성애적인 측면이 아닌 다양한
방식으로 존재하고 풀어내는 것이 우리의 과제라고
생각합니다.

**인터뷰에 응해주셔서 감사합니다. 참여하신 이유나 소감
한마디 부탁드려요.**

평소에 말하는 걸 좋아해서 인터뷰에 참여하게
되었어요.(웃음) 제 의견을 이야기하는 것도 좋아하는
편이고요. 그리고 페미니스트들의 가시화를 중요하게
생각했습니다. '내가 여기에 있으니까 나라는 사람이 여기
있다'는 메시지를 알리고 싶었어요. 그리고 래디컬 페미니즘
안에서도 레즈비언에 대한 논의가 조금 더 활성화되었으면
하는 바람이 있었습니다. 우리 모두 지치지 말고 오래 함께
가요!

쓰까*에서
래디컬 페미니즘으로
"름"

간단한 자기소개 부탁드립니다.

안녕하세요. 시험을 준비 중인 서울 거주 20대 름입니다.
그림을 가끔 그리고 운동을 좋아하는 래디컬 레즈비언이자
여성의당 권리당원입니다.

각성 계기가 무엇인가요?

페미니즘 관련해서 아무것도 모르다가 학교에서 몇몇

---

* 래디컬 페미니스트들이 페미니스트 중에서 여성 인권과 함께 다른 권리(동물 권리,
성소수자 인권 등)를 섞어 주장하는 이들을 비판하기 위해 만든 단어. 권리를 '섞는다'
의 섞다가 변형된 '쓰까 먹는다' 등의 표현에서 유래한 단어이며 대부분의 경우 '교차
성 페미니즘'과 같은 의미로 쓰인다.

선배들이 지나가듯 하는 말을 듣고 SNS와 온라인 커뮤니티에서 이것저것 알아보며 새로운 용어와 정서를 접했어요. 말로만 듣던 역차별, 꼴페미가 대체 뭔지 알아보려고 관심을 두던 찰나에 강남역 살인사건이 일어났어요. 그전에는 인터넷으로 미러링* 된 남혐드립과 여성 피해 이슈를 조각조각 피상적인 뉴스로 접하기만 했다면 이 사건은 머리를 빵! 맞은 듯한 일이었죠. 그때부터 태도를 바꿨어요. 막연히 슬프고 안타까워하는 걸로 끝낼 수 없었어요.

페미니즘 계정들과 페미니즘 계정을 비판하는 이들이 무슨 말을 하는 건지 알아야겠다 싶어 무작정 책을 사고 수업을 듣고 강연을 들으러 다니고 트위터에 구독 계정을 팠어요. 흔히 말하는 쓰까 계정의 논의를 주로 접했고 관련 수업을 듣고 강연을 가고 2,000 페이지 가량의 논문을 뒤적거리며 퀴어 이론을 탐색했습니다. 하지만 머리 한구석에서 피어오르는 본질적인 의문들을 퀴어, 교차페미니즘을 통해 해결할 수 없었어요. 그러다 어느 성 착취 피해 여성의 죽음을 마주하게 되었고 과도기를 벗어났습니다. 그 사건을

* 여성혐오 표현을 남성에게 적용하여 이질감을 느끼게 하여 일상의 여성혐오를 인식할 수 있게 하는 패러디 방식.

보며 취약한 환경에 처한 성 착취 여성에 대해 어떤 관점을 가져야 하는지 확실히 판단이 섰어요.

여성혐오와 절대 타협하지 않는 이 원리원칙주의자들, 래디컬 페미니스트들을 오랜 기간 탐색하고 동경하다가 수없이 많은 이슈와 플로우에 참여하면서 꽤 오랜 기간에 걸쳐 래디컬 페미니스트로 각성하게 되었습니다.

래디컬 페미니스트로 사는 일상은 어떤가요? 그 중 인상 깊었던 일이 있었나요?

교내 여성주의 모임에 들어가기, 페미니즘 관련 그림 모임과 만화 그리기, 책 〈가부장제의 창조〉 공동구매해서 읽기, 여성혐오자와 키보드 배틀 뜨기, 후원과 해시총공과 국민청원, 여러 시위 다녀오기, 여성 단체와 활동가들의 강연 듣기, 법원에 방청 연대를 가고, 독서 모임과 정치 스터디에 몇 차례 참가하고, 여성의당 내 디지털 성범죄 의제 기구에 들어가고 당원 모임을 가졌습니다. 활동들 중 몇은 의무감, 몇 개는 호기심, 몇은 소속감 등의 다양한 이유로 참여했어요. (변명이지만 18년 당시에 혐오자라 몰리는 게 두려워 불편한 용기 시위를 가지 않은 것이 아직도 후회됩니다.)

여러 일 중에 여성의당 창당 과정이 기억에 뚜렷이 남아 있어요. 2월 중순부터 시작해서 주위 사람들에게 입당 권유 연락을 돌렸고, 4월 15일 총선까지 일정을 맞추기 위해

아주 급박하게 진행된 일들의 속도감이 생생해요. 하나 더 인상 깊었던 사건은 입법 모니터링을 위해 당원들과 국회 토론회에 다녀온 것이에요. N번방 방지법의 현황과 한계를 짚은 정책 세미나였는데 사안에 대해 정부, 학계, 언론, 활동가 등 다양한 이해관계인들이 모여 문제의식을 나누는 일련의 과정을 직접 눈으로 확인할 수 있어 신기했어요. 그리고 현재 디지털 성범죄에 대한 해결이 얼마나 시급하고 디지털 성범죄에 대한 대처가 얼마나 빈약한지 알 수 있었어요. 이러한 공적인 자리에서 여권 상승을 위해 제대로 기여하고 싶다는 생각이 들었습니다. 그런 권한과 자격을 갖기 위해 실력을 쌓아야겠다고 다짐하게 만든 중요한 경험이었어요.

가부장제에서 팔리는 여자가 되기 위해 여성성 겨루기를 버린 뒤에 따라온 변화에는 어떤 것이 있나요? 그리고 름님이 생각하시는 탈코르셋이란 어떤 의미인가요?
사회적 여성성인 코르셋을 벗는 탈코르셋이란 고무적인 운동이자 분명하게 유의미한 운동이죠. 자신의 취향, 쾌락과 자기만족의 기준 또한 가부장제에서 영향을 받았음을 인정하고 그 영향을 고찰해볼 수 있고, 가부장적 여성성을 벗어던진 '디폴트' 인간의 모습을 체험해보는 활동이자 운동이죠.

사회적 '여성성'이 남성보다 열등하게 보이기 위해 만들어진 거라는 걸 탈코르셋을 실천해보면 알 수 있어요. 단발이 아닌 숏컷 기장의 짧은 머리의 편리함, 허리폭이 좁고 조여져 있어 불편하고 소매가 짧아서 팔을 들어올리기 힘든 옷의 디자인 등 여성의 전유물이라고 생각했던 것들이 사회에서 만들어낸 여성성이라는 것을 깨달을 수 있죠.

름님의 탈코르셋 계기에 대해 말씀해주세요.

평생 과체중으로 살아왔기에 몸에 갇힌 답답한 기분을 오래 겪어왔어요. 출렁거리고 불편하고 아무 쓸모가 없는 가슴을 떼고 싶다는 생각을 중학생 때부터 했고요. 자기혐오가 심했던 2017년 겨울에 허벅지 지방흡입 수술을 받았어요. 남은 건 긴 할부 금액과 큰 통증, 우둘투둘한 허벅지선과 손톱만큼 올랐다가 금방 사라진 만족감뿐이었어요. 그러다 〈달리는 여자〉라는 작품을 보고 큰 영향을 받아 코르셋 등이 다 부질없다는 것을 알게 되었어요. 단순히 내가 더 잘나거나 바뀐다고 기준에 도달할 수 있는 게 아니라는 걸 수술하기 전에 알았어야 했는데 말이에요. 여성성을 완벽하게 수행하도록 하는 압박과 끝없는 체크리스트에 지쳐서 천천히 화장부터 줄이다가 2019년 초에 긴 머리를 자르고 운동과 공부핑계를 댔어요. 3년 전만 해도 격주로 탈색하며 뒷머리에 스크래치도 내고 화장을 안 하면 모임에 참가조차 못했던 사람도 이렇게 탈코르셋을 하고 1년 반 동안 짧은 머리를 유지할 수 있어요.

흔히 가부장제에서 팔리는 여자라면 어떤 여자를 말하는 건가요?

여성은 재화처럼 교환의 대상으로 취급받아왔어요. 이런 사회에서 자아가 취약한 순진한 여자, 마르고 키 작고 덩치 작고 골격 작고 취약하고 가해하기 쉬운 여자, 즉 제압하기 쉬운 여성이 가부장제 사회에서 잘 팔린다고 할 수 있죠.

탈코르셋 후 달라진 변화가 궁금합니다. 주변의 인식과 시선 그리고 자신이 느끼는 변화 역시 궁금합니다.

일단 모부님이 안 좋아하긴 해요. 그래도 예전에는 하늘하늘한 스타일을 많이 강요하셨는데 이제 머리가 짧으니 그런 강요의 강도가 조금 낮아졌어요. 친구들 반응은 다양했어요. 신기해하기도 하고 자신의 남자친구 역할을 바라기도 하고 예쁘지 않으니까 마음에 안 들어 하기도 하고 별로 관심 없기도 했어요. 그리고 한남들 태반이 말을 안 걸고 무관심하게 피해 다녀서 정말 편합니다. 삶이 많이 쾌적해졌어요.

탈코르셋 후 미용실 여남 커트가격 차별이 눈에 들어왔어요. 여자가 모종이 다른 게 아닌데 같은 숏컷이라도 여자

머리는 커트스킬, 디자인 등 핑계를 대면서 가격 차이를
두는 게 아주 불합리한 일이죠. 사적인 영역에서는 확실히
편해졌어요. 거울과 체중계를 굳이 볼 필요 없고 외적인
면에 들이는 에너지 자체가 줄고 그 에너지를 제가 하고
싶은 일에 더 집중할 수 있어서 좋습니다. 샴푸 2분 컷 짱!

코르셋을 조이며 여성성을 겨루는 여성들에게 이야기하고
싶은 게 있다면 어떤 이야기를 드리고 싶은가요?
사람이 권력관계라든지 사회규범으로부터 온전히 자유로울
수는 없지만 이에 대항하는 것은 분명히 의미가 있고
대항함으로써 자유로워질 수 있는 부분들이 있어요.
화장뿐만 아니라 연애, 가부장제 사회 속에서 말하는
여성의 취미, 취향들도 굉장히 소모적이고 비생산적인
부분이 많은데 그것에서 벗어나는 생각을 하는 것도 좋을 거
같아요.
얻고 싶은 게 확실하면 코르셋 조이며 여성성 겨루든가
하세요. 경쟁은 본말전도 되기가 굉장히 쉬운 일이죠. 더
우월한 여성성, 더 많은 코르셋을 위해 경쟁한 결과로 얻는
것은 남자의 관심이라는 사실부터 인정했으면 해요. 정말
얻고 싶은 게 남자의 관심이 아니라면, 사회가 여자에게
경쟁할 수 있는 분야를 오로지 거의 외모적인, 연애와
결혼의 분야로 한정해서 그렇다는 진실은 금방 깨달을 수

있을 거라고 생각합니다. 여성 집단에서 꾸밈을 겨루며
서열이 높아질수록 결국 각종 비효율적인 짓들을 거듭하며
자신이 취약해질 뿐이에요. 가부장제에 비싼 값으로 팔리는
길밖에 남은 게 없죠.

만약 화장이 자기만족이라고 생각한다면 코로나 때문에
재택 근무할 동안에는 왜 화장을 안 했는지 생각해보세요.
화장은 사회적으로 통용되는 예쁜 여성의 이미지로 인한
허상의 자기만족이 아닐까요? 탈코르셋은 여자라면 한 번은
해봐야 하는 것이에요. 진짜 눈 딱 감고 노메이크업으로
일주일만 다녀보세요.

**탈코르셋에 두려움이 있는 여성들이 용기를 갖고
탈코르셋을 하기 위해서는 어떻게 해야 할까요?**
탈코르셋을 해도 세상이 무너지거나 등 돌리지 않는다고
생각하는 게 처음엔 필요한 거 같아요. 그리고 개개인의
노력뿐 아니라 지지해 주는 단체와 공동체의 역할도 크다고
생각해요. 주변에 탈코인*이 있거나 탈코인들이 많은
모임에 가면 느낌이 달라요. 확실히 전에 비해서 요즘에는
탈코인이 확 늘었어요. 분위기가 바뀌어가고 있는 게

* 탈코르셋을 한 사람을 의미.

느껴집니다.

혹시 외모가 사회적으로 여성스럽지 않게 바뀌었다고 해서 태도가 달라지는 사람이 있다면 애초에 내가 아닌 사회적 여성성을 입은 나를 좋아한 것이에요. 외모에 따라 태도를 다르게 대하는 사람에게 평가할 수 있는 권력을 쥐어주는 짓을 하지 않았으면 좋겠어요. 마지막으로 탈코르셋은 온전히 자신의 선택으로 했으면 해요. 억지로 의무감에 탈코르셋을 하면 나중에 억울함을 느낄 수도 있고 그건 오히려 독이 되니까요.

래디컬 레즈비언은 어떠한 레즈비언 인가요?

래디컬 레즈비언에 대해 이야기하기 전에 먼저 정치적 레즈비언에 대해 짧게 이야기할게요. 정치적 레즈비언은 1970년대 미국의 급진 페미니즘에서 나오게 되었어요. 당시 헤테로 페미니스트들은 성애 및 연애가 사람을 소진시킨다고 비판했어요. 그에 대해 래디컬 페미니스트인 레즈비언은 '레즈비언'은 개인의 취향이나 성적 선호에 대한 선택이 아닌 가부장제를 근본적으로 전복하기 위한 정치적 선택이라 반박했습니다. 실제로 1970년대 급진 페미니즘 모임에서는 남성과 연애 및 결혼하는 여성은 총 구성원의 1/3이상 차지하지 못하도록 제한을 뒀어요. 그래서 래디컬 레즈비언은 정치적으로 레즈비언임을 선택한 레즈비언과 레즈비언이 래디컬 페미니스트가 된 경우로 볼 수 있어요. 트위터 및 커뮤니티에서는 레즈비언이 '정치적 레즈비언'에 대해 불만을 갖기도 해요. 레즈비언을 어떻게 선택할 수 있느냐 하고요. 하지만 '정치적 레즈비언'은 여성인권과 레즈비언 인권에 해가 되지 않고, 헤테로 여성이 정치적 레즈비언이 되면 가부장제를 존속하는 여성의 수가 줄어들죠. 여성에게 도움이 되는 '정치적 레즈비언'에 대해 조금 더 관대해졌으면 해요.

퀴어 커뮤니티는 레즈비언을 포함한 소수자의 커뮤니티인데 그 속에서 어떠한 여성혐오가 일어나나요?
소수자집단은 여성혐오를 부차적인 문제로 여겨요. 여성혐오보다 더 중요한 대의가 있다고 하면서요. 이런 경향은 실존하는 내부의 여성혐오를 은폐하죠. 소수자집단, 퀴어 커뮤니티의 전반적인 형태가 남성 중심적이고 게이가 대표성을 짙게 띄어요. 에이즈에 대한 사회적 낙인과 의료적 지원, 남성 군인 문제 같은 경우는 굉장히 가시화가 되고 여성단체에서도 대응해줬어요. 반면에 해군 레즈비언 성폭행 사건은 전형적인 교정강간과 위계형 성폭력의 일종으로 굉장히 죄질이 심각한 사건이었음에도 몇몇 여성단체만이 직접적 지원을 했어요. 타 퀴어 커뮤니티의 입장은 게이 문제에 비해 무관심했고 대응 역시 늦었습니다.

래디컬 레즈비언이 읽히지 않는 것은 그만큼 가시화의 부족이라는 생각이 들어요. 래디컬 레즈비언의 가시화를 위해 개인이 할 수 있는 것은 어떤 것이 있을까요?

정치적 레즈비언이 그 답이 되지 않을까 해요. 헤테로 여성들이 알게 모르게 여성과의 연애에 스며들게 하는 콘텐츠가 더 많아져도 좋을 거 같아요. 이민경 작가의 '코로나 시대의 사랑'처럼.

래디컬 레즈비언으로서, 건강한 연애를 지속하기 위해서는 어떻게 해야 할까요?

트위터 및 커뮤니티에 '야망보지' 해시태그를 검색하면 '자아의탁 금지', '상대방을 인격체로 존중하기', '역할놀이 및 과몰입 금지' 등 도움 되는 정보들이 있어요. 이를 바탕으로 깊게 의존하지 않고 건강하게 연애하는 게 중요해요.

물론 여성 간 관계에도 폭력 등 문제는 있을 수 있어요. 그렇지만 래디컬 페미니즘으로 해결하는 부분은 아닌 거 같아요. 또 완벽하고 무결한 관계를 맺으려는 강박이 오히려 관계를 불안정하고 건강하지 않게 만들 수 있다는 점을 주의해야 해요.

트위터는 래디컬 페미니즘의 의제 흐름이 빠르게 변하고 또

반복됩니다. 트위터 속 의제의 흐름을 어떻게 받아들여야 할까요?

지금은 래디컬 의제가 어느 정도 안정된 거 같아요.
3~4년 전에는 반성애 분위기가 강했고 조직·단체에 대한 거부감도 심했어요. 그 당시 가명이나 단체를 경계하고 친목도 금기시했는데 지금은 달라졌어요. 더 이상 익명이 아닌 이름을 가진 정당이나 단체로 나서야 가시화된 정치세력으로 보일 수 있고 정치적 권력을 행사할 수 있으니까요. 긍정적인 변화라 생각해요. 미국 래디컬 페미니즘 실패의 과거를 발판삼아 극복하고 있어요. 의제들이 반복되는 것은 좋아요. 정립되지 않고 애매했던 의제들을 다시 판단할 수 있죠. 래디컬 페미니즘 의제는 어떻게 바라봐야 하는지 개인마다 다르고 너무 맹신하지는 않고 비판적으로 보는 시선도 필요해요.

트위터 플로우를 기록하는 게 중요하다 하셨는데, 기록하는 것이 왜 중요하며, 기록은 어떻게 남겨야 할까요?

의제 및 플로우를 기록하지 않으면 언제 왜곡되고 지워지고 상반된 프레임이 씌워질지 몰라요. 기록하지 않으면 기록하는 자에 의해 왜곡되기도 하고. 상대의 주장에 우리가 대항하려면 기록은 정말 중요합니다. 기록하지 않아 왜곡되고 지워지게 된 것들에는 헬렌 켈러가 여성

운동을 했다는 점은 위인전에서 찾아볼 수 없는 것, 초기 사회주의 여성운동가 플로라 트리스탕이 '만국의 노동자여 단결하라'라는 문구를 맨 처음 들었고 마르크스와 엥겔스는 인용했을 뿐인데 이 사실이 지워지고 은폐된 것들을 예시로 들 수 있어요.

트위터 속 진영 대립과 반복되는 의제 흐름을 보고 있으면 지치는 사람들도 있을 거 같습니다. 의제의 중요성은 알겠으나 의견을 주고받는 것에 지치거나 서툰 사람들은 의견을 어떻게 주고받는 것이 좋을까요?
의제를 보고 지친다면 잠시 트위터를 접는 것도 좋아요. 어느 정도 의제에 대해 답이 있다면 반복되는 키보드 배틀 같은 설득을 할 필요 없이 오프라인 현실 세계에서 힘을 보태는 것이 더 도움이 돼요. 지친 상태에서 꾸역꾸역 의견을 주고받으면 오히려 탈력감이나 소진을 빨리 불러일으키니 잠시 트위터 및 커뮤니티를 쉬어야 해요. 저 같은 경우도 성폭력 사건, 방청연대 외에는 거의 리트윗을 안 하고 있어요. 이미 알고 있는 이야기라면 많은 시간과 자원을 들일 필요는 없어요. 여성 인권을 위해 할 수 있는 건 다양하기 때문에 본인이 할 수 있는 걸 하는 게 중요하다고 생각합니다.

**래디컬 페미니스트들이 지지기반을 두텁게 쌓기 위해서
어떻게 해야 할까요?**

이제는 SNS·커뮤니티보다 여초로 진입해야 해요. 대학
친목모임 등 오프라인에서 사람을 모아야 합니다. 여성으로
구성된 여성주의 정당이 굉장히 필요하고 중요하다
생각해요.

**래디컬 페미니즘을 지지하며 트위터를 유용하게 활용하기
위해서 어떻게 해야 할까요?**

트위터는 아카이빙을 해서 오프라인이든 디지털이든
출간을 하는 게 아닌 이상 큰 효용은 없는 거 같아요. 그보다
유튜브나 대중매체 쪽이 더 효용이 좋아 보여요. 이제
트위터보다는 유튜브, 인스타그램, 틱톡 같은 시각매체가 더
대세이니까요.

트위터를 가장 유용하게 활용하는 방법은 본인 커리어를
위해 쓰는 경우라고 생각해요. 그게 아니면 해시태그
총공이나, 서명요청 정도. 그 이상은 현생에 투자하는 게
효율적인 거 같아요. 온라인이 아닌 오프라인, 여성의당이나
여성단체에서 활동할 수도 있으니까요. 꼭 SNS를 통해
여성주의에 기여하려는 강박은 없었으면 합니다.

마지막으로 하고 싶은 말이 있으신가요?

편집이 깔끔히 정리되어 감명 받았습니다. 수고 많으셨어요. 또한, 좋은 질문들 던져주셔서 감사합니다. 잠시 멈춰서 래디컬 페미니즘에 대해 깊게 되돌아보는 계기가 됐습니다. 현재 한국에서 살아가는 여성들에게 꼭 필요한 말들이 책을 통해 널리 읽혔으면 합니다. 이렇게 하나둘씩 던져놓은 여자들의 말이 더 이상 사라지지 않고 불씨가 되어 여성 해방으로의 흐름 속에 기여할 수 있기를.

페미니즘은
트랜스 배제적
"키위"

각성 계기는 무엇이었나요?

2016년도 여름에 각성을 하게 됐는데, 그때 제가
고등학생이었거든요. 여름방학 보충수업을 하고 있었는데,
수업을 하던 어떤 남교사가 '너희 중에 혹시 메갈리아 하는
애들 없지?'라고 물어본 거예요. 그 말을 듣고 호기심이
발동해서 집에 가서 '메갈리아'가 뭔지 찾아봤어요. 거기에
들어가서 '메넘글'*을 다 읽으면서 각성을 하게 된 것 같아요.

각성 후에 달라진 점이 있나요?

* 메갈리아 사이트의 인기 있는 글.

제가 각성하던 시기에는 탈코나 이런 논의가 아직 없었던 때였거든요. 그래서 바로 탈코를 하기보다는 일단 내 몸이 더 편안할 수 있는 선택을 하게 됐던 것 같아요. 각성 전에는 내 눈이 아파도 렌즈를 끼고, 옷차림이 불편해도 '원래 다 이렇게 불편하게 사는가 보다' 하면서 살았어요. 근데 각성 후에는 나를 불편하게 하는 꾸밈을 전혀 하지 않았어요. 각성 직후 제일 먼저 탈브라를 했어요. 그리고 메갈에 정혈 용품 같은 추천이 많았어요. 그래서 생리컵이나 탐폰 같은 것을 쓰게 되어 정혈할 때가 기대되기도 했던 것 같아요.

또 다른 변화는 없었나요?

그때 친구들에게도 페미니즘을 전파하고 다녔어요. 그래서 친구들도 니플패치를 하고, 생리컵을 직구하기도 했어요. 그리고 각성 전엔 참고 넘어갔던 일상 속의 불편한 점들이 잘못되었다는 것을 깨닫고 직접 발언하게 되었던 것 같아요. 그때도 제가 고등학생이었는데 한자 교사가 '연예인 누가 탐스럽다'는 말을 하면서 여성혐오적인 얘기를 많이 해서 제가 국민신문고에 신고하여 사과를 받았거든요.

그럼 계속해서 주위에는 항상 페미니스트인 걸 밝히고 다니셨던 거예요?

네, 저는 숨기지 않고 '한남은 절대 만나면 안 돼, 얘들아.

이렇게 고추가 작고 졸렬한 애들이야'라고 친구들에게 말하고 다녔어요. 전교에 제가 '메갈'로 소문이 났었는데 저는 둔해서 잘 몰랐거든요. 나중에 알았어요.

그럼 페미니스트로 활동하면서 불편한 것은 없었어요?

고등학교 때는 별로 불편했던 것은 없었어요. 왜냐하면 그때는 원래 친구도 많았고, 공부 열심히 하면 선생님들한테도 예쁨 받잖아요. 그리고 워마드 스티커를 학교 화장실에 붙이기도 했는데, 아무에게도 말 안 하고 야자시간이나 사람들이 없을 때 몰래 붙였어요. 그런 건 비밀리에 했죠.

페미니즘이 무엇이라고 생각하세요?

페미니즘을 직역하면 '여성 해방 운동'이고 페미니즘의 최종 목표는 여성의 해방을 위해 가부장제를 해체하는 것이라고 생각해요.

트랜스젠더가 왜 잘못되었다고 생각하나요?

저는 그들이 '젠더학'이라고 부르는 '젠더론'*에 대해서

---

* 생물학적 성별을 무시하고 사회, 문화적 성별인 젠더(gender)를 유효한 정체성 또는 성별처럼 취급해야 한다고 여기는 이론.

회의적인 입장이에요. 아니, 오히려 반대해요. 왜냐하면
'젠더론'에 의하면 젠더는 정신적 성별이고 생물학적
성별보다 우선이 되어야 하며 자신이 정체화한 젠더에
대해서 다른 사람이 반대 의견을 내면 혐오라고 하거든요.
그런 '트랜스 젠더론'이나 '젠더학'이 여성의 자리를
위협해요.
페미니스트로서 그런 이론 자체에 대해 끊임없이 의심하고
질문하고 비판해야 한다고 생각해요.

**트랜스젠더가 여성의 자리를 위협한다고 하셨잖아요.
구체적으로 어떤 예시가 있을까요?**

숙명여대 입학사건에 대해서 얘기해야 할 것 같아요.
뉴스에 나온 mtf*는 'mtf도 여대에 입학할 수 있다'고
알림으로써 다른 구성원들을 위험하게 만든 거잖아요. 그
사람은 법적으로 성별 정정이 되고 수술까지 했지만, 결국
'트랜스젠더리즘'은 비수술 트젠들을 더 인정받게 하고
싶어 해요. 그래서 그런 사람들을 받아주다 보면 언젠가는
비수술 트젠들이 입학을 하게 될 것이고 진짜로 '자지 달린
놈'들과 같은 기숙사를 쓰고 같은 강의실을 쓰게 될 수 있는
거잖아요. 그렇게 되면 분명히 여성의 안전이 위험해져요.

---

* male to female. 남성에서 여성으로 성전환한 사람.

저희 학교에는 외부에서 침입하는 사건이 많았거든요.
남자가 마약을 가지고 화장실에 숨어든 사건, 어떤
남자가 술 취해서 동아리 방에서 자고 있어서 체포된
사건도 작년이었고 여장남자가 들어와서 체포된 것도
작년이었어요.

숙대는 남성 출입이 금지되어 있나요?

캠퍼스 내부는 딱히 금지는 아닌데 건물 내부는 금지예요.
그리고 밤 10시 이후에는 아예 외부인 출입이 금지돼요.
'마약소지남' 때문에 보안을 강화했음에도 불구하고 남성에
의한 위협이 정말 빈번하거든요. 그런데 트랜스젠더남 입학
반대했다고 혐오자 낙인을 찍은 거죠. 심지어 학부모들도
트랜스젠더의 존재를 불쌍하게 여겨요. '걔 좀 불쌍하던데
입학시켜줄 수도 있지, 여자라잖아'라고 하면서 말이죠.
그런 걸 보면 트랜스젠더는 오히려 가부장제를 적극적으로
옹호하는 존재인 거예요.

트랜스젠더의 존재에 대해 어떻게 생각하세요?

혹시 트랜스젠더를 반대하는 J. K 롤링의 글을 보셨나요?
그리고 트랜스젠더 입학을 반대하는 내용의 숙명여대

여성학 동아리 'sfa' 대자보*를 보셨나요? 이런 글들과 결이 같다고 보시면 될 것 같아요. 개인적으로는 정말 싫어하긴 하지만 ftm**이 너무 안타까워요. 그 이상한 젠더 놀음에 놀아나는 거잖아요. 희생자인 동시에 가해자죠.

그럼 '트랜스젠더리즘'이 페미니즘에 어떤 영향을 미친다고 생각하시나요?

'젠더론'과 '트랜스젠더리즘'은 여성과 남성을 스펙트럼으로 표현을 하잖아요. 그들이 말하는 '여성성'이라는 것은 2등 시민이기에 가지게 되는 특성이잖아요. 그런데 '젠더론'은 여성과 남성 사이에 있는 수직적인 권력 차이를 지우고 여성성과 남성성을 동등한 위치에 있는 것이라고 보게 만들거든요. 페미니즘이라는 것은 사실 여성과 남성의 권력차를 먼저 인식하는 것이 중요해요. 반면에 '젠더론'은 그냥 여성성, 남성성이 있고 '우리 행복하게 살자'고 말하면서 권력 차를 지워버려서 현실을 직시하지 못하게 만드는 거죠. '쓰까'들은 '여남 평등이 아니라

---

* 〈트랜스젠더리즘으로 인해 역행하는 사회를 규탄한다〉라는 제목으로
  1. 트랜스젠더는 성별에 따라 다른 성역할을 부여해온 가부장제의 피해자이다.
  2. 트랜스젠더리즘을 이용하여 기존의 사회질서를 유지하려는 가부장제 국가와 사회를 규탄한다. 라는 내용을 담고 있다.
** female to male. 여성에서 남성으로 성전환한 사람.

성 평등이다'라고 주장하면서 중요하지도 않은 단어에
집착하고 있어요. 그렇게 함으로써 지금 현실이 실제보다 더
평등한 것처럼 느껴지게 하는 것 같아요.

**보통 '트랜스젠더'나 '젠더론'을 부정하는 사람들을
터프(terf)*라고 부르잖아요. 이 단어가 페미니스트들에게,
혹은 페미니즘에 미치는 영향에는 어떤 것이 있다고
생각하나요?**

혐오자라는 낙인 때문에 페미니스트의 발언 자체를
막아버린다고 생각해요. 여성들이 저희 래디컬
페미니스트를 공격하는 것은 현실에서 위협적이진 않아요.
그런데 남성들은 아니란 말이죠. 혐오자라는 낙인은
mtf들이나 퀴어 진영의 남자들보다도 '터프'가 강자이고
혐오자이기에 공격해도 상관없다는 식의 프레임을 만들어서
'터프'라는 사람들이 실질적으로 위협을 받게 한다고
생각해요. 사실 터프가 트랜스 배제적인 것이 아니라
페미니즘이 원래 트랜스 배제적인 것이라고 생각하거든요.

* Transgender Exclusionary Radical Feminist 의 약자로 트랜스젠더를 배제하는 래디
컬 페미니스트를 의미. 퀴어 정치학을 따르는 사람들이 래디컬 페미니스트들을 비하,
비난하기 위해 만들어 사용하기 시작한 말이기 때문에 래디컬 페미니스트들은 '젠더에
비판적인 페미니스트'라는 뜻의 GCF(gender critical feminist)라는 용어를 쓴다.

'터프'로서 경험한 위협이 있었나요?

제가 2018년, 2019년에 sfa 여성학 동아리 임원으로
활동했었어요. 동아리에 사담방이 있는데 거기에서
만우절에 풍자를 했거든요. 퀴어 퍼레이드 같은 퀴어
문화를 풍자를 하면서 놀았는데 그게 에브리타임에
공론화가 되어서 크게 사이버불링을 당했어요. 그렇게
풍자를 하며 놀았던 당사자인 제가 레즈비언인데 '너는
퀴어 혐오자다'라는 말을 많이 봤어요. 저희는 절대
사과하지 않았어요. 할 수 있는 풍자였어요. '저도
레즈비언이고 절대 여성 소수자들을 혐오하려던 것이
아니었다'라고 해명만 했죠. 사이버불링을 하도 심하게
당해서 그 뒤로 사담방에서는 예전처럼 '같이 밥 먹자'
하는 사람들도 없어졌고, 퀴어에 대한 얘기도 전혀
못하게 되었어요. 퀴어를 비판하는 세미나도 있긴 했지만
사담방은 유출될 위험이 있으니까요. 결과적으로 동아리
분위기도 침체되고 더 이상 활동을 안 하는 사람들도
많아졌어요. 저도 그때 많이 힘들어서 위염에 걸려
고생하기도 했고, 다른 친구는 공황장애도 왔었거든요.
그때 정말 힘들었어요.

**보통 트랜스젠더를 지지하고 옹호하는 사람들은
인터섹스(간성)*라는 사람들을 예시를 들면서 트랜스젠더와**

**동일시하며 얘기를 하잖아요. 이에 대해서는 어떻게
생각하시나요?**

언젠가 모 레즈비언 활동가의 특강을 한 번 들었어요.
강의 시작부터 그림을 그리면서 '태아의 성기가 원래
이렇게 생겼는데 이렇게 성장을 하면서 남자가 되는
거다. 그런데 그 과정에서 성기가 두 개가 될 수도 있다'고
하면서 인터섹스 이야기를 먼저 하시더라고요. 그 사람의
주장은 생물학적으로 100% 남성이거나 여성인 사람은
없다는 거예요. '그러니까 랟펨들이 쓰는 생물학적
여성이라는 단어가 잘못되었고 너도 100% 여자가 아닐
수도 있다'고 하면서 트랜스젠더리즘을 생물학적인
논리로 옹호하더라고요. 그 자리에 래디컬 페미니스트
친구가 있었어요. 그 친구가 강연이 다 끝나고 질문시간에
트랜스젠더의 여성혐오나 범죄들에 대해서 어떻게
생각하냐고 물어봤더니 화를 내셨어요.

저는 트랜스젠더와 인터섹스는 다르다고 생각해요.
그 사람은 강연에서 '인터섹스에 대한 연구를 통해서
트랜스젠더에 대한 개념이 생겼다'고 하셨어요. 그 사람의
논리에서 제일 반대하는 부분은 '생물학적 성은 여성,
남성 두 가지가 아니라 인터섹스를 포함해서 최소한

---

* 성염색체의 이상으로 성기가 기형 또는 변형되어 태어난 사람.

세 개 이상은 되어야 한다'고 했던 부분이었어요. 사실 인터섹스라는 것은 돌연변이고 장애인데 그 개념을 무시하는 거잖아요. 결국 여성이랑 남성이라는 생물학적 개념마저 없애려는 거죠. 인터섹스는 사실 단순히 성기의 문제일 수도 있겠지만 트랜스젠더리즘은 정신의 문제라고 하잖아요. 인터섹스 실험 얘기를 해줬었는데 인터섹스 쌍둥이 중 한 명은 여자, 한 명은 남자로 정해놓고 실험을 했던 과학자가 있었대요. 그런데 정해놓은 성별대로 크지 않고 다른 성별을 주장했다는 이야기를 하며 트랜스젠더의 존재를 정당화하더라고요. 분명 그 실험에서는 여성이라고 정해놓은 아이에게 치마를 입히면서 키웠을 거잖아요. 그건 취향의 문제지 정신적 성별의 문제가 아니란 말이에요. 여성성과 남성성의 문제와 트랜스젠더 문제는 정말 빼놓고 얘기할 수 없거든요. 고정된 성 역할의 존재를 아예 무시하면서 오히려 그 실험을 과학적인 것처럼 주장하는 것이 웃겼어요.

트랜스젠더가 현재 성소수자에 속해 있잖아요. 이에 대해서 어떻게 생각하시나요?
레즈비언과 게이들 중에 헤테로 정상성에 집착하는 사람들이 좀 있잖아요. 그런 사람들 중에 호르몬을 맞고 트랜스젠더가 되겠다고 결심하는 사람들이 꽤 많아요. 자신이 동성에게 끌려서 내가 트랜스젠더인가보다 하고 생각한 사람이 꽤 많거든요. 레즈, 게이, 바이들은 헤테로 정상성에 부합하지 않는 사람들인데, 트랜스젠더들은 오히려 그것을 획득하기 위해 '젠더론'을 이용하려고 한다는 점에서 완전히 달라요. 그러니 당연히 LGB(레즈, 게이, 바이)와 T(트랜스젠더)는 분리되어야 한다고 생각해요.

마지막으로 트랜스젠더들에게, 혹은 래디컬 페미니스트들을 터프라고 욕하는 사람에게 하고 싶은 말은 있나요?
사실은 딱히 하고 싶은 말이 없어서 고민했어요. 왜냐하면 지금도 학교의 쓰까들이나 선생님들과 많은 대립을 빚고 있기 때문에 하고 싶은 말들을 다 했거든요.
쓰까들이나 트젠들 중에 우울증을 호소하는 사람들이 래디컬보다 많다고 생각하거든요. 그 사람들은 자신의 정신적 성별과 신체적 성별이 달라 우울한 거라고 생각해요. 그래서 트랜지션(성전환 수술)을 하면 정신병이 낫고 바라던 대로 살 수 있을 것이라고 생각하는 거죠. 하지만 그 정신병은 사회가 정한 여성성, 남성성 때문이라고 생각하거든요. 자신의 문제가 아니라 여성성, 남성성을 강요하는 사회가 문제라는 것을 인지하면 자신의 수명을 깎아먹는 짓은 하지 않을 수 있지 않을까요?

그럼 독자들에게 하고 싶은 말이 있다면 한마디 해주세요.

우리 여성들에게 서로 관대해졌으면 좋겠고 오래오래
페미니즘을 할 수 있었으면 좋겠어요.

여성 장애인에게
파이를
"기리"

간단한 자기소개 부탁드려요

저는 특수교육과 학생입니다. 고등학생 때부터 장애인의
복지보다는 권리에 중점을 맞춰서 특수교육과에
진학했어요. 교육권에서 장애인의 권리 증진이 필요하다고
생각해요.

각성 계기가 무엇인가요?

저는 고등학생 때 퀴어 페미니즘을 먼저 배웠어요. 열심히
공부를 했는데 아무리 생각해도 젠더론이 이해되지 않아서
래디컬 페미니즘으로 넘어왔어요. 그렇게 좀 더 공부해서
각성했죠.

래디컬 페미니즘을 접한 후 달라진 점이 있나요?

제 삶에 좀 더 충실해졌어요. 원래는 학교에서 이거 공부하라고 하면 하고, 저거 하라고 하면 저거 했는데 이젠 스스로 찾아서 하게 됐어요. 여자들에게는 정보가 많이 주어지지 않으니까, 대부분 공부 잘하는 남자애들 위주로 좋은 정보를 주다 보니 저는 공부자체를 위해서 발품을 파는 거죠. 대학에 들어와서도 여초 학과임에도 불구하고 그렇더라고요. 그런 변화 덕분에 제가 이득 본 것도 많아요.

래디컬 페미니스트로 사는 삶에 대해 이야기해주세요.

제가 외적 탈코는 거의 못 했어요. 아직 머리도 못 잘랐고 새로운 사람들을 만날 때는 화장도 해요. 하지만 내면은 많이 변한 것을 느껴요. 여자와 남자가 섞여 있을 때 자연스럽게 여자를 챙기게 되고 여성혐오적인 언행에 눈치 주는 것도 늘어서 고등학교 2학년 때부터 성격이 유별나단 얘기를 들었어요.

래디컬 페미니즘을 접하고 가장 먼저, 또는 가장 크게 느낀 여성혐오는 무엇인가요?

교복 문화와 아이돌 산업이요. 퀴어 페미니즘을 할 때도 교복 문화가 문제라고 느꼈지만 그때는 그것도 개성이라고 생각했어요. 그리고 아이돌 산업은 엄청 열심히 좋아했어요.

하지만 래디컬 페미니즘을 배우면서 두 가지 문화에 문제가 있다는 것을 크게 느꼈어요.

우리 사회에서 여성 장애인이 어떤 존재라고 생각하시나요?

지나치게 소중한 존재. 꽃 같고, 엄청 보호해줘야 하고, 혼자 아무것도 못 하고…. 그렇게 보는 시선이 많아요. 제3자가 아니라 보호자 같은 경우엔 모부가 옆에서 다 해주니 여성 장애인이 자기 주관을 갖기가 쉽지 않죠.

또, 남자 장애인은 장애의 특성을 인정받고 표출하며 자라요. 원래 그게 맞거든요. 피해를 줄 수도 있고 배워가는 게 조금 느릴 수도 있는데 여성 장애인은 그런 게 전혀 없죠. 비장애인 여성처럼 처음부터 얌전하게 자라도록 하는 거예요. 장애인이니까 더 얌전해야 한다는 느낌도 없지 않아요.

학교의 여성 장애인은 어떨까요?

제가 고등학교 다닐 때 특수학급이 있었는데 비장애인 반에 특수학급 학생이 배정되면 특정 수업만 반에 들어와요. 그렇게 들어오면 비장애인 여자애들이 특수학급 여자애들과 놀아주고 싶으니까 화장을 해주는 거예요. 그냥 대화만 나눠도 충분한데 놀아주겠다는 명목으로 화장해주고 그걸 또 남자애들한테 보여주는 걸 보면서 비장애인이 여성

장애인을 대하는 태도에 문제를 느꼈어요.

래디컬 페미니즘에서 논의되었으면 하는 여성 장애인 관련 논제가 있을까요? 여성 장애인이 제대로 보장받지 못하는 권리는 무엇일까요?

장애인이라는 집단에 대한 이해부터 필요해요. 감각 장애인인 시각 장애인과 청각 장애인의 경우 많은 수단이 제공되면 혼자 공부해서 대학에 갈 수 있어요. 적어도 장애인 집단 내에서는 권리가 보장된 편이죠. 그러나 발달 지체, 지적 장애인 같은 경우에는 지능이 낮아요. 그래서 단순한 기술직으로 많이 빠지죠. 그럼 전공과라는 과정으로 넘어가요. 특수학교를 졸업하고 전공과를 1년 다닌 후 취직하는 거죠. 그런데 여기서 여남격차가 커지는 거예요. 일용직이거나 기술직이니까 남성 장애인의 취업률이 훨씬 높고 여성 장애인은 대학을 안 가면 전공과를 졸업해도 취직하기 힘들어요. 대학에 가기도 어렵지만요.

또 남성 장애인보다 여성 장애인에게 불리한 것이 있나요?

많은 분야에서 여성 장애인이 엄청나게 불리하지만 하나를 꼽자면 인식이에요. 교육권, 학습권이 있잖아요. 남성 장애인은 이 권리들을 마음만 먹으면 얻을 수 있어요. 부족하지만 지원을 해주고 있으니까요. 하지만 여성

장애인은 교육권 자체가 안 주어지는 경우가 많아요.
'보호자랑 같이 살면서 알려주면 되니까'라고 생각하는
경우가 많아요. 또, 내가 지켜줘야 하는데 학교에 가면
지켜줄 수 없으니까 의무 교육만 시키고 사회활동을 못하게
하는 거예요. 계속 보호자랑 있는 거죠. 이런 경우가 여성
장애인이 훨씬 많아요. 물론 남성 장애인도 문제를 많이
일으키면 그럴 수 있어요. 하지만 여성 장애인은 별 이유
없이 그런다는 게 문제죠.

래디컬 페미니즘을 통해 이루고 싶은 것이 있나요?
여성 장애인의 대학 진학률이랑 취업률이 좋아지는 거예요.
아무 곳이나 취직하라는 게 아니고 자기가 원하는 재능을
살릴 수 있는 곳에요. 자신의 재능과 자아를 무시하고
대학에 갔다가 안 맞아서 관두고 공장에 취직하는 것보다
좋잖아요.

**마지막으로, 래디컬 페미니스트들에게 전하고 싶은 말이
있나요?**
래디컬이 수적으로 많은 집단이 아니잖아요. 그래서 차이에
굴하지 않고 다들 연대하고 뭉쳤으면 좋겠어요. 그리고
소수자들이 스스로 목소리를 낼 수 있도록 소수자가 아닌
사람들이 환경을 마련해줬으면 좋겠어요.

호남 페미니스트들의
연결
"권지후"

간단한 자기소개 부탁드립니다.

활동 닉네임 '덕만', 주로 트위터와 네이버 블로그에서
활동해요. 페미니즘 행보를 전시하려고 유튜브 채널을
만들었으나 편집 능력 부족으로 정체 중이에요.
대한민국 광주에 살고 있으며, 만으로는 2n살이고, 한국
나이로는 3n살, 경계에 있어요. 10대 때는 가수가 되고
싶었고, 20대에는 배우가 되길 원해서 연기를 전공했습니다.
프리랜서 댄스 강사로 일을 하며, 학교와 문화센터에서
유아부터 중학생, 성인에 이르기까지 다양한 나이대의
사람들을 상대로 강의를 하고 있어요. 전라도 비혼여성
커뮤니티 '비전'의 공동대표이며, 광주 '쓴소리 위원회'의

일, 노동 분야 위원직에 있습니다.

각성 계기가 무엇인가요?

트위터를 해온 지 약 11년차에요. 메르스 갤러리의 태동 때부터 SNS에서 페미니즘 논쟁이 있던 역사 그대로 따라왔어요.

래디컬 페미니즘을 접한 후 달라진 점이 있나요?

이전에는 나와 무관한 여러 가지의 정치적 올바름을 좇아왔다면, 트랜스젠더 인권은 트랜스젠더가 챙기라던 어떤 분의 발언 이후 래디컬 페미니즘을 알아가면서 그 누구도 아닌 제 자신을 가장 먼저 '챙겨야' 다른 것들도 '챙길' 수 있다는 것을 깨달았어요. 이전까지는 막연하고 흐릿한 '여성성'이라는 고정관념에 입각해서 생각했던 '여성으로서의 나'보다 구체적이고 정확한 'XX 염색체를 갖고 태어나서 임신 가능성이 있는 여성의 몸을 가진 나'에 대해 깨닫게 됐어요. 그러면서 하고 싶은 일도 조금씩 변하고 해야 할 일이 무엇인지도 확실히 알게 되었어요. 하고 있던 일도 많이 변했고요. 예를 들면, 20대의 대부분 저를 설명하면 첫 번째를 차지했던 '남돌 팬'에서 벗어났어요.

**래디컬 페미니스트로 사는 삶에 대해 간단하게
이야기해주세요.**

머리에 심어진 생각이 아니라 실존하는 내 몸이 필요로
하는 것에 귀 기울여요. 예를 들면, 예뻐 보여야 한다는 강박
대신 하이힐은 발이 아프다는 신호를 받아들여 운동화를
신는다든지, 나이를 먹었으니 다 늦었고 삶의 의미가 없다는
절망 대신 이 나이라서 가진 장점에 대한 기쁨과 세상의
한계를 뚫어서 길을 만들자는 포부를 가진다든지. 여성이
아기를 낳고 키우는 기계에서 벗어나 자기 몸을 제대로
지키겠다함을 결코 기성 가부장제 세상은 원하지 않으므로,
이러한 삶이 치열함은 당연지사구요.

탈코르셋 계기가 무엇인가요?

한참 탈코르셋이 수면 위에 떠올랐을 때, 일하던 학교 중
초등학교도 있었어요. 제가 초등학생일 때에는 제 여동생도
머리가 숏컷으로 매우 짧았고, 또래는 물론 성인까지 숏컷이
흔했는데 2018년에는 단발보다 머리가 짧은 여학생은 단
한 명도 없었어요. 심지어 그 학생들이 보고 자랄 주변
성인인 선생님들 중에서도 없었어요. 공교롭게도 중학교도
마찬가지였어요. 여성은 외모로 인해 자원과 기회가
더 많이 부여되는 세상이기에 코르셋, 특히 성형에 쓴
비용이 개인적으로 굉장히 많았고, 돈은 물론 마음도 많이

피폐해졌기에 20대의 절반 이상을 '어정쩡하게 못생겼음'을 이유로 심각한 우울증에 시달렸어요. 저뿐만 아니라 다른 여성들에게까지 코르셋을 조였고, 이는 후세대로 내려가 화장하지 않으면 정상이 아닌 현재의 10대 현실을 만들어냈죠. 그들이 저와 같은 비정상적인 '레이스(race)'를 뛰면서 소진되지 않기를 바라는 마음으로 화장품과 사탕껍질을 버리고 머리를 잘랐습니다.

탈코르셋 이후 자신의 삶 또는 주변인의 변화가 있었나요?
주변인의 변화는 사실 너무 미미하게 느껴져요. 제 머리를 보고 긴 머리를 단발로 자른(원래는 더 짧게 자르려 했으나 어머니와 미용사의 반대로 인해) 초등학생 제자들이 있었고, 제 여동생도 머리를 단발로 자르긴 했지만 탈코르셋을 했다 할 만한 주변인은 없었거든요. 다만 좋은 기회를 얻어 유튜브 소그노 채널에서 탈코르셋 인터뷰를 했고, 그걸 보고 공감하고 머리를 자르셨다는 분들이 많으셨으며, 제가 속한 커뮤니티 '비전'의 회원분들도 옷이 많이 편해지셨고 머리를 짧게 자른 분들이 많아요.
주변의 변화보다는 제 스스로의 변화가 제일 커요. 긴 우울증에서 벗어난 계기는 페미니즘과 무관하게 댄스 진로를 잡고 운동량이 많아지면서였지만, 두 번 다시 '못생김'으로 자학하며 우울증에 빠져들지 않게 되었거든요.

코르셋 비용이 소모되지 않다보니 경제적으로 보다 여유가 생김은 물론이고, 방에 짐의 양이 현저히 줄어들어서 공간의 여유가 마음의 여유로 이어졌어요. 이전에는 한번씩 강박적으로 모든 짐을 다 뒤져서 왕창 버리던 습관이 있었는데, 이젠 모든 물건을 필요한 것만 적게 가지고 있게 되어서 그럴 일이 없어졌어요. 남성의 시선으로부터 자유로운 몸 상태가 되었기에 매우 오랜 시간동안 대상만 바뀌었지, 남자 아이돌을 '덕질'하던 습관에서 쉽게 벗어날 수 있게 되기도 했죠. 몸의 외형이 아닌 기능에 집중하여 몸을 관리하게 되었고요. 돈, 시간, 정신, 신체 모든 면에서 학대를 멈추고 건강을 되찾으니 이후에 따라온 생각의 발전적인 변화와 크고 작은 의미 있는 성취들은 여기 답변에서 다 담기 어려워서 책을 한 권 써야 할 듯싶습니다.

내적 탈코르셋의 중요성이 점점 강조되고 있는데요. 지후 님의 생각은 어떠신가요?

〈탈코르셋 : 도래한 상상〉 북콘서트 '탈코의 밤'에서 사회를 맡으신 김진아 작가님께서 탈코르셋을 하고 나면 아무리 다시 꾸며도 일정 선 너머로는 넘어가지 않게 된다는 말씀을 하신 적이 있어요. 그 말씀을 들은 지 거의 1년이 다 되어가지만 여전히 공감하고 있어요. 연기를 전공했는데, 연기 방법은 배우마다 각자 다양하게 있겠지만, 감정이

아니라 행동, 몸의 상태가 먼저 선행되면 그러한 감정이
뒤따라서 오게 되기도 함을 배웠거든요. 탈코르셋을 한 몸의
상태, 다시 코르셋으로 돌아가기도 쉽지 않은 환경의 상태가
'여성성'을 추구하고자 하는, 코르셋을 갈망하는 마음을
지우는 것이라고도 생각해요. 애초에 탈코르셋의 필요성,
'전시'의 위력을 정확히 인지하고 있었다면 한번 파악한
현실을 외면하기도 쉬운 일은 아니고요. 그 인지 과정이
'내적 탈코르셋'이라고 하면 당연히 필요하다 하겠지만,
애써서 마음만 코르셋을 갈망하지 말자고 다짐하는 거라면
무용(無用)하고, 직접 움직여서 몸의 상태와 주변 환경을
변화시켜야 한다고 봅니다.

전라도 비혼 커뮤니티 '비전'은 어떤 단체인가요?
호남을 중심으로 비혼 여성들이 모이고 이어지고 카르텔을
형성하고자 하는 커뮤니티입니다. 호남 사람이 아니어도
마음이 호남에 있다면, 마음의 고향이 호남이라고 하면
그렇다 치고 입장 가능하구요. 오픈카톡방에서 주로
소통하고 있어요.

**비전의 설립 계기는 무엇이고, 비전이 추구하는 바는
무엇인가요?**
'불편한 용기' 시위에 광주 차를 대절해서 타고 갔을

때, 분명히 같은 지역에 페미니스트들이 있다는 걸 인지했었거든요. 하지만 막상 주변에는 없었고, 광주에서 무슨 페미니즘 관련 행사들이 있어도 정보를 찾기 어려워하던 중, 기적적으로 광주 독서모임 'WOMME'에 들어가게 됐고, 그곳에서 정보를 접해서 유튜브 '하말넘많' 광주 토크콘서트를 가게 됐고, 그 뒤풀이를 위해 만든 단체 오픈카톡방이 뒤풀이 이후로도 정보도 많이 주고받고 만나서 재밌게 놀고…. 그래서 더 많은 호남 페미니스트들을 모으고 싶다는 생각에 만들게 됐어요. 호남지역 래디컬 페미니스트들이 고립되지 않고, 백스텝 밟지 않고, 모여서 더 큰 일을 도모할 수 있게 되기를 바랍니다.

단체를 운영하며 어려움을 겪거나 문제가 생길 때, 어떻게 이겨내나요?

첫째로는 역시 사람들이 가장 큰 도움을 줘요. 운영진이 아니어도 일을 해결하고자 나서주시는 회원분들이 많고, 운영진 공식 입장에서든 회원들 간의 보다 사적인 입장에서든, 때로는 직업적인 부분에 있어서까지 도움을 주시는 분들이 많아요. 비전을 지지해주시는 외부의 많은 분들로부터도 도움을 받아왔어요. '여자는 여자를 돕는다'는 것을 매우 많이 느껴요. 늘 감사하는 마음입니다. 둘째로는 논쟁에 있어서 피하지 않고 서로 들어주고 자신의 의견도 잘 어필하면서 합의를 도출해내는 방식, 쉽게 말해서 "잘 싸워"요. 비전 개설 때부터 회칙에 '싸우시면 운영진이 팝콘 팔 거고, 꼭 같이 밥 드시라'는 내용이 있는데, 한번 싸웠다고 손절해버리지 않는 습관이 회원들에게 퍼지고 있음을 요즘 느껴요. 대표 두 명이 온, 오프라인에서 굉장히 자주 '필리버스터'를 하는데, 그게 자주 전시된 영향인지 운영진은 물론 회원 간에도 긴 논쟁에 감정부터 상하려들지 않고 잘 토론하고 있어요. 그래서 내부의 문제점은 오래 묵히지 않고 해결해내고요. 저도 대표로서 가급적 최대한 운영진의 개입 없이 자발적으로 해결해내실 수 있게끔 기다리려고 하는 편입니다. 이게 여성 전반에 퍼진 태도가 되기를 바라고요.

지방 여성들의 삶과 수도권 여성들의 삶은 다른 점이 있나요? 결정적인 차이가 있다면 무엇일까요?
인프라도 부족하고, 젊은 여성들에게 같은 젊은 여성인 친구가 부족해요. 페미니즘에 한정지어서 설명하자면, 큰 규모의 페미니즘 시위를 지나가다가 보고 각성하는 일이 지방에서는 거의 전무해요. 시위도 없으니 체감되는 시민, 도민의 변화가 없어 지방 정부, 공공기관의 가부장적 태도 변화도 더디고요. 저는 요즘 같이 페미니즘을 하는 동료가 옆에 있음의 중요성을 매우 크게 느끼는데, 매스미디어도 백래시*의 천국인 와중에 주변에 가부장제에 물든 사람들로 둘러싸인 환경에서 백스텝을 밟지 않기란 거의 기적에 가깝죠. 제 첫 지방 페미니스트 지인도 결국 결혼을 했고, 페미니즘을 하던 계정도 보이지 않게 되었어요. 심지어 이분은 대학을 졸업하고 서울에서 취직을 했는데, 지방에 본가를 둔 여성이 수도권에서 살기란 안전이나 고립감은 고사하고 비용 면에서 매우 큰 부담을 지게 돼요. 이는 결혼이라는 수렁으로 빠지게 하는 큰 원인이 되죠. 변화의 바람이 수도권보다 지방이 느린 건 비단 페미니즘만의 문제는 아니에요. 그나마 인터넷과 소셜 미디어의 발달로 옛날보다 인식 변화의 속도 격차는 줄었으며 페미니즘도 '랜선 연대'를 유지할 수 있긴 해요. 하지만, 여전히 서울 중심의 대한민국에서 비수도권 여성들이 겪는 여성혐오와 지방혐오의 이중고 지방이기에 기회와 자본을 덜 분배받는 경제력 격차까지 더하면 삼중고, 호남의 경우엔 한국전쟁 이후 지속적인 호남 소외와 멸시까지 더한 사중고는 온전히 해결되었다 보기 어렵죠.

지방의 페미니스트들은 어떻게 연대하고 있나요?

---

* 본래 '반동 또는 반발'이라는 뜻으로, 이 경우는 '변화에 대한 반발'로 각성 이후 안티 페미니즘적 행동을 하는 것을 의미한다.

위에 언급한 대로 '랜선 연대'에 가장 큰 의지를 하고
있습니다. 그리고 그 '랜선'을 통해 지방 여성들끼리 찾아서
뭉치고, 지방에서 일어났거나 해결되지 않은 여성혐오
사건에 시위, 퍼포먼스 등으로 행동하는 일도 올해 들어서
아주 조금 생겼어요. 행동하는 일이 적었던 건 코로나의
영향 때문이죠. 기존에 페미니즘을 한다던 여성단체가
지방에도 있었으며, 지방 관공서에 성평등 관련 부처가
있었음은 사실이나, 그보다는 '영영 페미니스트'*로
지칭되는 젊은 페미니스트들이 페미니즘 리부트 이후 지방
활동과 연대를 많이 이끌어 왔고, 이끌어 가고 있거든요. 그
핵심에는 이전까지는 익명이었었던 래디컬 페미니스트들이
많이 있기를 바라지만, 아직까지 지방 전반으로 보면,
수도권에 비해 그러한 분위기는 적은 편이에요.
물론 래디컬 페미니스트 단체와 활동이 가시적인 일부
지역도 있죠. 잡지를 발간하거나, 공연이나 전시회를
하거나, 여러 성평등 관련 행사에서 목소리를 내고, 큰 지방
커뮤니티나 기획 단체, 혹은 제도권 정치에 대한 네트워킹이
있어 친목을 중심으로 연대하고 페미니즘을 함께 논의해

* 1990년대 중반부터 대학 여성 운동, 문화 운동 등을 통해 새로운 방식으로 성폭력
및 섹슈얼리티 문제를 다룬 영 페미니스트의 다음 세대로 2015년 이후 페미니스트를
의미한다.

나가는 등의 활동도 있고요. 코로나로 인해 주춤해졌으나 서울 중심의 페미니즘에 문제점을 느낀 여러 페미니즘 활동가들이 지방에 행사나 강의를 하러 내려오기도 해요. 그래도 여전히 갈 길이 멀어요.

페미니스트, 여성의 정치 참여가 활발해지고 있습니다. 이것이 중요한 이유는 무엇일까요?

법과 통치로써 '위'에서 '아래'로 변화를 꾀하는 한비자의 방식과 구성원들의 자발적인 인식과 행동 개선, 즉 '아래'의 변화가 전체의 변화가 되는 노자, 장자의 방식 모두 저는 동의하고 필요하다고 봐요. 모든 국가의 국민은 자신의 수준에 맞는 통치자를 세우게 된다고 하죠. 그런데 그 '수준에 맞는 통치자'는 그 국민들 사이에서 나와야 해요. 가부장제 타파를 당사자성이 없는 남성에게 맡길 수 없음은 지금 이 인터뷰를 읽겠다고 결정하신 시점에는 이미 동의하신 사안이겠죠. 당연히 여성이 그 '통치자'의 자리에 올라야 합니다.

더불어서 그것은 래디컬 페미니스트들이 되어야 하고요. 고양이에게 자신의 자아를 의탁해버리고 자신의 중심을 잡지 못할 가능성이 있는 생쥐가 온전히 생쥐들을 위한 정책을 잘 펼 수 있으리라고 기대하기는 당연히 어렵죠. 제도권 정치가 말처럼 쉽지도 않고, 자본 파이를 얼마나

확보했느냐가 싸움의 지속성과 승패를 결정하는 큰
요인이기도 해요. 하지만 파이를 확보하기 위한 시스템을
흔들 결정적인 권력은 제도권 정치에 있고, '닭이 먼저냐
알이 먼저냐'이긴 하지만 정치적 힘과 경제적 힘, 어느 것
하나 놓치고 가서는 절대 안 돼요.

**래디컬 페미니스트의 정치 참여를 위해 노력해야 할 점은
무엇일까요?**
"내가 아니면 누가? 지금 아니면 언제?"
'관심을 기울일 것'은 너무 기본이기에 설명을 생략할게요.
관심이, 투표가, 지지발언이 전부가 아니라 실질적인
참여에 스스로가 포함될 가능성을 열어두어야 해요. 당장
자신의 진로가 급해서, 일이 바빠서, 생계를 포기할 수
없어서 등의 모든 변명을 인정할 수는 있어요. 하지만
그래서 평생 제도권 정치는 자신의 일이 되지 않으리라는
생각은 하지 않아야 해요. 저도 안빈낙도하고 싶습니다.
그래도 이 시대에 태어난 여성으로서 수혜 받은 부분이
있다면 해야 할 일도 있어요. 당장 부담을 가지라는
게 아니라 멀리 보고 길게 보자는 말이에요. 개개인이
감당 가능한 한에서 '당장 조금'도 당연히 해야 한다
생각하기도 하고요. 나와 같은 노선을 걷는 통치자
후보는 무조건 다다익선이에요. 나와 같은 노선을 걷는

가장 확실한 후보는 바로 자기 자신이고요. '정상에서 만나자'의 '정상'에 제도권 정치 '정상'도 반드시 포함해야 해요. 래디컬 페미니스트가 이끌어내려는 결과는 인류 역사 전체를 뒤집는 변화이기에 위험 부담 역시 큽니다. 하지만 변화의 시간을 길게 잡더라도 이 부담은 분명하게 나누어지고 가야 해요. 리더십은 만드는 것이지, 갖고 태어나는 것도 아니고요.

태도의 변화뿐 아니라 당장 할 수 있는 일을 제시하라고 하시면, 현재 래디컬 페미니스트들이 열심히 경제력 확보에 열을 올리고 공부해나가는 만큼 제도권 정치 역시 끊임없이 탐구하고 논의하고 공부하고 배워나가야 할 숙제라는 점 정도를 말씀드릴 수 있을 것 같아요.

지방의 래디컬 페미니스트들에게 전하고 싶은 말이 있나요?

크게 활동하지 않더라도 꼭 래디컬 페미니스트들과 연결되어 있어주시기를 바라요. 같은 지방에 존재한다는 연결감만이라도 좋고, 전염병이 아니라면 꼭 얼굴을 직접 마주할 수 있기를 바라요. 익명을 깨고 나오는 위험성은 잘 알지만 리스크를 감수하는 용기 없이 얻어낼, 새로 꼭 필요한 것은 어디에도 없어요. 긴 머리와 화장으로 어딘가에 위장해 있더라도 여성으로서 자기 중심까지 잊어버리는 일은 없으셨으면 좋겠어요.

그리고 지금 계신 그곳에서 가장 중요한 변화의 바람을
일으키는 가장 큰 사람은 바로 당신입니다.

야   망   ;

여자가
못할 것은
없습니다

성애를 넘은
건강한 연대
"익명"

간단한 자기소개 부탁드립니다.

지프차를 몰고 질주하는 부자 노인이 되는 것이 꿈입니다.
실천과 성장이 이어지는 삶을 살고자 합니다.

래디컬 페미니스트로 각성한 계기가 무엇인가요?

몇 년간 아주 서서히 바뀐 케이스로, 난 이제부터
래디컬이다! 라고 각성했다기보다는 여러 경험과 생각을
다듬고 또 판단하다 보니 어느새 래디컬 페미니스트가
되어 있었어요. 이때 정의한 래디컬 페미니스트란 더
본질적인 물음을 던지고 근본적인 변화를 위해 실천하는
여성주의자들을 말합니다. 중요한 것은 근본적인 변화

추구로 언제나 열린 생각과 태도로 끊임없이 숙고하고 또 비판적으로 바라보는 것이 필요하다고 생각해요. 그래서 초기에 저를 정의할 때는 '나는 래디컬 지향'이라고 했어요. 최종적 형태의 완벽한 래디컬 페미니스트는 없고, 래디컬 페미니즘이라는 지향점이 있다고 생각했기 때문에요. 그런데 최근에 래디컬에 대한 악마화와 혐오, 정치적 음해 및 백래시가 너무 심하다고 느끼고 정치 및 세력화, 가시적인 연대의 필요성을 느껴 래디컬 페미니스트라 스스로 칭하게 되었어요. 이는 늘 근본적으로 고민하고 투쟁하겠다는 의지를 공언하는 것이기도 합니다.

래디컬 페미니스트의 일상, 그 중 인상 깊었던 일은 어떤 일이 있었나요?

'나'의 삶을 열심히 살고 있어요. 나의 분야에서 전문성을 높이고 운동을 하거나 공부를 하는 등 열심히 살고 있어요. 페미니즘과 관련된 일상이라면 언제나 주변 사람들과 대화하고 논의하는 편입니다. 보통은 오프라인에서 서로를 다치게 하지 않는 선에서 이야기를 나누고 있으며 온라인, 특히 트위터'만'을 중심으로 논쟁이 극렬하게 부딪치는 상황을 경계하고 있고요. 최근에는 다양한 스탠스와 사람들의 이야기를 듣고 함께 특정 페미니즘 사안에 대해 논쟁하며 생각을 정리해요. 또한 관련 책을 읽거나

온라인에서 여러 의견을 비교하고 조율하며 이때 여돕여*와
연대, 실천에 바탕을 두려고 노력합니다. 그리고 내가
익숙하고 당연하게 여기던 모든 것들에 질문을 던지고
가부장적 함의가 있는지 확인하고 의심해요. 요즘에는
이 과정에서 지치거나 과하게 몰입하지 않도록 어떻게
롱런(Long Run)할 수 있을까 생각하고 있어요.
인상 깊었던 일은 최근 '랟펨'이라 스스로 칭하는 사람들이
많아졌다는 점이에요. 이 인터뷰를 하게 된 것도 신기하게
느껴집니다. 다양한 지역, 나이, 직종의 사람들이 지향점을
함께 두고 서로 용기를 얻고 있다는 점이 인상적입니다.

래디컬 페미니스트들이 지향하고 있는 4B6T란
무엇인가요?

4B란 비혼, 비출산, 비연애, 비섹스를 말하고, 6T은
사용하는 사람마다 의미가 조금씩 다르지만 통상적으로
여성의 건강한 자립과 야망 실현, 탈가부장제 실천을
위한 '탈피'를 말합니다. 제가 정의하는 6T란 탈코르셋,
탈오타쿠, 탈아이돌, 탈종교, 탈루키즘, 탈성애예요.

왜 4B6T를 지향해야한다 생각하시나요?

---

*   여자를 돕는 여자의 줄임말.

첫째로는 여성의, 인간으로서의 건강한 자립을 위해서, 둘째는 여성의 성공과 야망 실현을 위해서, 셋째로는 가부장적 함의가 있는 모든 것들을 비판적으로 바라보고 적극적으로 탈피하기 위해서입니다. 저는 실천의 옳고 그름을 '여성 인권 증진에 도움이 되는가?'와 '내 삶이 더 건강해지는가?' 두 가지 기준으로 판단하는데 모두 이에 부합한다고 봐요.

성애를 기반으로 한 연애가 어떤 점에서 가부장적이라고 생각하시나요?

일단 논의 전 혼재된 개념을 짚어보는 게 필요하다고 생각해요. 성애는 섹슈얼리티와 타인과의 관계에 대한 함의를 동시에 내포하고 있어요. 종족 번식을 위한 단순한 성기 결합과 신체의 1차원적 쾌감을 넘어 '감정적 자극과 만족'을 주는 성애는 정신적인 영역에 가까우며 가부장제 문화 아래에서 긴 역사를 가지고 만들어져 왔습니다.

('성적 행위에 대한 욕망'이라는 뜻의 '성욕' 역시 신체적 욕망을 넘어 관계욕과 지배욕이 혼재된 경우가 많습니다. 생물학적으로 존재하는 감각기관에서 오는 '육체적 쾌락'은 자위를 통해서 충분히 얻을 수 있지만 '성욕'은 상대방의 존재를 상정합니다.) 여성 종속은 곧 섹슈얼리티의 지배였고, 성애와 로맨틱은 그러한 종속과 폭력을 강화하거나 정당화했어요. 즉, 여성의 정신과 신체,

관계를 종속적으로 두기 위한 정치적 방식으로 쓰여 왔다는 의미입니다.

이렇게 몇 천 년 동안 지속된 남성의 여성 지배, 특히 섹슈얼리티에서 굴종적인 모습으로 재현되고 정상화된 성애는 가부장제가 완전히 뒤집히는 시대가 오지 않는 이상 의심하고 비판적으로 바라볼 수밖에 없다고 생각합니다. 우리가 스스로 신체를 느끼는 감각과 상대방을 바라보는 시각, '로맨틱'한 무드까지도 사회문화적으로 영향을 받을 수밖에 없으니까요. 어떤 것도 완전무결하게 탈가부장적일 수는 없다는 명제는 래디컬 페미니즘의 기조라고 생각해요.

연애 자체가 가지고 있는 가부장적인 모습에 대해 말씀 듣고 싶습니다. 그리고 그 가부장적인 모습을 어떻게 하면 바꿔나갈 수 있을까요?

연애는 특정한 관계와 그 관계에 수반되는 특정 행동 양식 모두를 의미합니다. 보통 상상 가능한 연애의 모습은 남성과 여성으로 표상되는 권력자와 피권력자의 역할수행이 '로맨틱'한 것으로 포장된다는 점에서 가부장적이에요. 이는 이성애 중심 사회로부터 고안된 장치지만 여성 간의 연애도 이로부터 완전히 자유롭기 어렵습니다. 사회적 소수자로 억압받다 보니 이성애에서 통용되는 경우보다 더 가부장적이고 더 폭력적인 방식으로 이루어지는 경우도 있습니다. 이성애와 동성애라는 서로 다른 맥락과 상황 안에서 공통된 것은 연애라는 관계 프레임입니다. 우리가 '연애' 자체를 비판적으로 살펴봐야 하는 이유라고 생각해요.

구체적으로 비판하는 점은 먼저 일대일 독점적 관계를 지향하는 점입니다. 한 사람을 애인으로 이름 붙이는 행동은 상대에 대한 독점욕에 기반을 둔 것이라 생각합니다. 애인이 되는 순간 관계에서의 선순위가 되어야 하고, 다른 사람과의 성애적 관계는 금기시하는 것 등이 그러합니다. 독점과 소유는 가부장제에서 남성이 여성을 지배하기 위해 사용한 방식입니다. 또한 한 개인을 자율적인 존재가 아닌 소유할 수 있는 객체로 본다는 점에서 문제라고 봐요.

다음으로는 스스로의 자립보다는 상호의존에 가까운 관계이기 때문입니다. 가부장제는 종속을 중심으로 운영되는 정치체계이기에 그 극단에 있는 것은 여성이 스스로 온전하게 생존하는 '독립'입니다. 많은 페미니스트들이 지향하고 있는 정치적 실천이지요. 이에 비해 연애는 상대방의 존재를 반드시 필요로 하며 상대방 없이는 결코 성립하지 않습니다. 우리는 너무나 오랫동안 생존을 위해 누군가에게 의존해야만 하는 사회에서 살아왔고, 그 결과 어딘가에 종속되는 것이 안정적으로 느껴지도록 학습되었어요. 어떤 권력자도 누군가에게

의존하거나 종속되지는 않음을 생각해 보아야 합니다. 서로
응원하고 연대하는 것과 의존의 차이는 종속 여부에 있다고
생각해요.

또한 서로 특정한 역할을 상정하고 그 규칙을 따르길
기대하게 만들기 때문입니다. 친구와 애인의 차이점은
무엇일까요? (개인적으로는 이러한 구분 역시 매우 인위적이고
자연스럽지 못하다고 느끼지만, 설명을 위해 사용하도록 하겠습니다.)
만약 성적 접촉을 하는 것, 최우선 순위가 되는 것, 서로를
가장 특별하게 여기는 감정 등이 그러하다면 거기에
특정한 역할 기대가 없다고 단언하기란 어려운 일입니다.
'헤어짐'이라는 방식을 통해서만 관계가 종결되고 이후
기대되는 행동 양식(전처럼 연락하지 않기, 더 이상 신체 접촉하지
않기 등)이 있는 것 또한 그 예시입니다. 반대로 친구나 지인
등, 다른 인간관계에서는 연애에서의 규칙이 적용되지
않지요. 관계명, 역할, 규칙 모두 가부장제 사회와 떨어질
수 없다고 생각합니다. 가부장제 사회로부터 배우고 익힌
것이니까요.

**만약에 이에 대해 문제의식을 느끼고 '대안적 연애'를
지향하는 경우는 어떠할까요?**
대안적 연애를 지향한다고 해도 연애라는 개념 자체가
가지는 특별한 함의가 분명히 존재하기 때문에 다른

관계(가족, 친구)와 구분된다 생각합니다. 연애라는 '행동의 틀'이 필요한 지 비판적으로 고찰해야 한다고 생각해요. 많은 여성들이 문제의식을 느끼고 기존의 연애 도식을 바꾸려 노력함을 알고 있어요. 하지만 대안적 행동을 '연애'라고 부르는 것 자체가 한계점이 될 수 있다고 생각해요. 우리는 미(美)가 사회문화적으로 만들어진, 피지배계층을 억압하는 정치적 도구임을 깨달으며 '대안적 아름다움'이 아닌 탈코르셋을 선택했어요. 아름다움의 허구성을 드러낸 탈코르셋 운동처럼 탈연애를 지향했을 때 비로소 틀을 넘는 대안을 찾는 것이 가능해진다고 생각합니다. 따라서 연애라는 개념 자체를 전복시키려면 연애 대신 새로운 개념이 필요하다고 생각해요. 저는 그것이 '여성연대'라고 생각합니다.

특히 래디컬 페미니스트의 사회적 실천에서는 연대가 반드시 필요합니다. 대안적 연애가 곧 연대라며 두 단어가 혼용되는 경우를 종종 보았는데, 이 경우 페미니스트들이 지향하는 바가 여성 권력 탈환이 아닌 대안적 연애로 곡해될 가능성도 있다고 봅니다. 이 세상에 존재하는 어떤 권력 탈환형 사회 운동도 서로 간의 연애를 필요로 하진 않죠.

의존적이지 않고 서로를 존중하는 건강한 관계란 어떤 관계인가요?

느슨하지만 끈끈한 연대가 가능한, 서로를 신뢰하지만
그렇다고 과의존하거나 과몰입하지 않는, 상대방을 있는
그대로 인정하고 '동등한 인격체'로 존중하는, 상대방과
나의 관계를 '특정 관계의 틀'로 규정하지 않는, 서로에게
긍정적인 영향력을 주고 함께 성장해나가는, 하지만
성적(sexual)·감정적 요구는 없는 관계라고 생각해요. 저는
이것을 '건강한 연대'라고 부르고 있어요.
물론 누군가는 이런 관계를 지향하며 '연애'라고 칭할 수
있다 생각해요. 하지만 인류가 지금까지 만들어온 연애의
개념을 전복시키는 것은 어려운 일이죠. 래디컬 페미니즘이
정치적 실천으로서 대안적 꾸밈과 대안적 결혼이 아닌
탈코르셋과 반혼을 선택한 것처럼 연애도 마찬가지
아닐까요? 근본적인 변화는 틀을 깨부술 때 가능하다고
생각합니다.

**구체적으로 어떤 관계가 있을지 예시가 있다면
부탁드립니다.**

소위 탈성애 및 탈연애를 실천 중인 페미니스트들의 연대
관계를 들 수 있어요. '성애'가 사회문화적 산물이라는
것은 '탈이성애'가 가능한 것만 봐도 알 수 있어요. 저와
'건강한 연대 관계'를 가지고 있는 친구들은 과거 레즈비언,
무성애자, 이성애자 등 다양하지만 공통적으로 성애 관계에

문제의식을 느끼고 탈성애를 실천 중이에요. 탈성애를 가장 근본적이고 강력한 사회 운동 방식이라 생각하며 서로 독점하지도, 규정하지도 않아요. 특정 행동을 해주거나 매일 연락하지 않더라도 충분히 서로를 향한 마음과 존중을 느낄 수 있어요. 기본적인 신뢰를 바탕으로 어떤 문제든 함께 연대할 준비가 되어 있습니다. 하지만 우리는 서로 사귀지 않아요. 연애와 성애라는 틀을 벗어났을 때 오히려 더 많은 상상과 실천이 가능하다고 봅니다.

같은 가치를 지향하고 있는 래디컬 페미니스트들끼리 관계를 맺을 때에도 유의해야 할 점이 있다면 어떤 점이 있을까요?

첫째, 상대를 독점하거나 '특정한 관계'라는 틀로 가두고 정의 내려서는 안 돼요. 둘째, 서로에게 긍정적인 영향을 주는 건강한 관계가 되기 위해 노력해야 해요. 셋째, 서로 돕고 연대하되 각자 독립적인 존재여야 하고, 넷째, 수평적이고 평등한 관계여야 하며, 마지막으로 상대방을 인격체로 존중해야 한다고 생각합니다.

특정 인물에 대해서 팬덤화, 우상화가 나타나는 것을 경계해야 하는 이유는 무엇인가요?

팬덤화와 우상화 모두 권력관계에서 나를 스스로 낮추는

피지배자의 행위라고 생각해요. 우리가 지향해야 할 것은 특정 인물의 숭배가 아닌 그가 가진 장점을 본받고 내 것으로 만드는 것, 그리고 내가 그러한 특성을 가진 인물이 되는 것이죠. 특정 인물에게 과하게 몰입하는 문제는 '과몰입'이라는 우스갯소리가 소비하는 것이 아니라 비판적으로 고찰해봐야 하는 문제에요. 어떤 관계든 수평적이어야 하며 비판적 시각과 판단력을 잃지 않아야 해요. 팬덤화와 우상화 모두 평등하지 못한 관계이며 의존적이고, 판단력을 흐려지게 만든다는 점에서 건강하지 못해요. 또한 스스로의 판단과 실천이 중요한 페미니즘에서 제대로 된 고찰 없이 특정 의견을 무비판적으로 수용하게 만들죠.

같은 가치관을 지향하고 응원하고 싶은 특정 인물에 과몰입하고 있을 때, 상태를 알아차리고 과몰입에서 벗어나기 위해서는 어떻게 해야 할까요?

그 인물에 대해 비판하는 의견을 보았을 때 의견 자체로 수용하거나 고찰해보지 않고 내 감정부터 나빠지는 경우, 스스로와 비교해서 과도하게 낮추거나 굽신거리게 되는 경우, 이렇다 할 내외적 성장이나 객관적인 이익이 없음에도 과도한 시간과 노력, 돈을 쓰는 경우, 그리고 이를 자꾸만 정당화하려는 행위, '그것 없이는 살 수 없다'라는 생각이

드는 경우, 인물을 보며 더 나은 생각과 고찰이 아닌 '감정적 몰입과 소비'를 더 많이 하는 경우 등을 생각해 보면 자신의 과몰입 상태를 진단할 수 있다고 봅니다.

과몰입에서 벗어나기 위해서 자신이 과몰입하고 있다는 점과 이것이 명백히 '건강하지 못한 상태'라는 것을 인지하는 것이 필요해요. 그것이 나에게 그리고 특정 인물에게도 결코 바람직한 방향이 아니라는 것을 인정하고 내가 왜 과몰입하는지 원인을 찾아보는 것이 도움이 됩니다. 근본적인 원인을 알고 이를 해결하기 위해 여러 방법을 시도해보는 것이 좋을 것 같아요.

탈코르셋을 실천했는데 '탈오타쿠'는 망설이고 있는 분이 있다면, 어떻게 말씀해드리고 싶으신가요?

망설이는 이유가 뭔지 인지하고 자신에게 무엇이 과하거나 결여되어서 '탈오타쿠'를 실천하지 못하는지 고찰해보길 바라요. 내적 탈코가 더 어렵듯 어떤 것에 과하게 몰입하는 습관 자체를 버리는 것이 굿즈 몇 개 내다 버리는 것보다 더 어렵죠. 시간이 오래 필요하고, 나의 꾸준한 노력과 소위 '머리에 힘주는' 적극적 노력이 필요한 일이에요. 그렇지만 그 노력이 결코 헛되지 않으며 분명히 장기적으로 더욱 건강하고 만족스러운 습관을 만들 수 있다고 확신해요.

래디컬 페미니스트와 퀴어, 비건, 아동 인권 등 인권 운동을 섞어서 이야기하는 사람들과의 차이는 무엇이라고 생각하시나요?

래디컬 페미니스트는 퀴어 내에서의 여성, 아동 인권 내에서의 여성, 장애 인권 내에서의 여성에 집중해요. 서로 다른 문제를 한데 뭉뚱그리면 오히려 '여성문제'가 흐려지기 쉽습니다. 참고로 저는 비건이자 여성 인권 중에서도 노인 인권에 관심이 많아요. 그러나 제 삶에서 '여성문제'가 흐려지는 일은 없어요. 오히려 더 또렷해집니다. 저는 이것이 여성으로서의 문제와 다른 계급이 교차하는 지점이라고 생각해요. 각 계급의 특수성을 이해하고 분명히 하되 그 안에서 또다시 계급화가 되는 문제에 주목하는 것이 필요한데, 이를 공통성으로만 묶으면 문제의 복잡성을 주목하기 어려워지게 됩니다. 다양한 소수자들의 교차성에 주목하되 여성 문제에 더 집중하는 문제 해결 방식을 이기적, 배제적이라 보아서는 안 된다고 생각합니다. 여성이라는 특수성에 집중하면 더 다양한 것이 보입니다.

래디컬 페미니스트는 주로 10~20대로 이루어져 있습니다. 10~20대 래디컬 페미니스트들이 다른 세대의 페미니스트들과 연대하기 위해서 어떻게 해야 한다 생각하시나요?

서로 다른 시대감각과 경험, 태도를 가지고 있다는 사실과 이로부터 비롯된 차이를 이해하되, 서로 공통된 부분을 조명해야 한다고 생각해요. 차이와 대조를 경험하더라도 여성으로서 서로 연대한다는 공통분모가 있어야 하며 이는 1020 래디컬 페미니스트뿐만 아니라 다른 세대 페미니스트들에게도 꼭 필요한 태도입니다.

탈코르셋과 탈루키즘의 차이와 두 가치를 지향해야하는 이유에 대해서 말씀 부탁드려요.
탈코르셋은 '사회적으로 만들어진 혹은 강요되는 여성성'을 탈피한다는 뜻이고 외적 탈코르셋과 내적 탈코르셋까지 포함합니다. 탈루키즘은 외적 아름다움이 인간 가치의 최우선이 되는 것에 반대한다는 뜻이라 생각하며, 탈코르셋이 여성성에 초점이 맞추어져 있다면 탈루키즘은 '외적 아름다움'에 초점이 맞춰져 있다고 생각합니다. 여성은 그동안 능력, 태도, 가치관 등이 아닌 외적으로만 가치가 매겨져 왔으니 이에 의도적으로 저항하자는 의미가 있다고 봐요. 우리는 아주 오랫동안 '미'에 끌리도록 학습되어왔고, 이를 의도적으로 뒤틀어보고 여성의 능력과 외모 너머의 가치를 찾아 부각시키는 것이 여성을 비로소 사람으로서 인식하는 첫 실천이라 생각합니다.

래디컬 페미니즘이 한국에 유입되어 확산되기까지 워마드는 어떤 역할을 했다 생각하시나요?

외부로부터의 유입과 확산보다는 '워마드' 내에서 익명의 여성들의 격렬한 논쟁과 사고 끝에 한국 사회에 특화된 래디컬 페미니즘의 의제들이 논의되고 이것이 퍼지는 데에 많은 역할을 했다고 봅니다.

워마드에서 알게 된 점, 워마드를 통해 배운 점은 어떤 점들이 있으신가요?

비판적 사고입니다. 어떤 것이든 의심하고, 질문을 던지고, 다시 보고, 다양한 관점에서 살펴보는 등의 사고와 판단 방식을 배웠어요. 전혀 생각해 보지도 못했던 문제를 새로 인식하게 되거나, 기존에 알던 개념을 뒤틀어보게 되는 일도 있었어요. 또한 감정적 근거를 최대한 배제하고 객관적이고 논리적인 근거로 열띤 논쟁을 하는 방법을 배웠습니다. 워마드는 철저한 익명제며 자신의 주장과 그 근거, 그리고 꼬리에 꼬리를 무는 치열한 논쟁으로 의제가 확산되고 심화되어요. 익명의 정치가 어떻게 민주적인 방식으로 작용할 수 있는지 확인했죠. 특정 스탠스를 정해놓기보다는 시기나 사안에 따라 흐름이 달라지는 점도 흥미로웠습니다. 정치, 야망 실천과 도전, 삶의 태도 등에도 긍정적인 영향을 받았어요. '여성이 어디까지 사고하고 행동할 수 있는가'란

틀도 크게 넓어졌습니다. 당연한 말이지만 완벽한 것은 없고, 문제의식을 느끼거나 비판적으로 바라볼 점도 있으나 지나치게 악마화되는 문제가 분명히 있다고 봅니다.

래디컬 페미니즘을 포함한 페미니즘이 잠깐의 이슈가 아닌 지속적으로 꾸준히 나아가기 위해서는 무엇이 필요하다 생각하시나요?

먼저 페미니즘은 내 삶의 문제이자 동시에 '모두'의 문제이니 평생 실천해야 할 것이라고 생각해요. 하지만 페미니즘에 완전히 점착되지 않고 나와 페미니즘을 다소 구분해서 생각하고 있어요. 페미니즘만 바라보고 분별없이 돌진하면 빨리 소진되기 쉽고 내가 마주한 어려움을 페미니즘 탓으로 돌릴 우려도 있으니까요. 다만 지속적인 페미니즘 실천과 삶의 균형점을 찾되 현실에 안주하거나 백래시를 맞지 않도록 늘 성찰하는 태도가 필요하다고 봅니다. 이때 주변에 고민을 나눌, 혹은 본받을 수 있는 다양한 여성이 있으면 더욱 좋겠지요.

다음으로는 크고 작은 변화에 기뻐하되 절망 앞에서 너무 오래 머물지 않는 태도예요. 어떤 작은 변화라도 거저 이루어진 것이 없으므로 충분히 기뻐하고, 절망은 우리가 잘하고 있다는 증거 같은 것이라 생각하는 편입니다. 해가 뜨기 전이 가장 어둡다고들 하니까요. 계속 반복되고 해결되지 않는 현실에 절망을 느낄 때 '과거의 어느 여성도 이런 좌절감을 맛보았겠지. 그리고 다시 일어섰겠지. 그래서 지금의 우리가 있는 거야'라고 생각하면 위로가 됩니다. 다양한 세대와 국경을 넘은 여성 간의 유대감이 지속적인 실천을 북돋는 힘이라고 생각합니다.

마지막으로는 문제 해결 방법에 초점을 맞추되 내가 할 수 있는 일을 하는 것, 잠깐 쉬더라도 영영 포기하지는 않는 태도가 필요한 것 같아요. 세상 모든 일에는 오르막과 내리막이 있고 늘 숨 가쁘게 달리지 않아도 괜찮으니까요. 특히 이를 위해서는 어려움 속에서도 즐거움과 여러 소중한 가치를 발견하는 일이 꼭 필요하다고 생각해요. 사회 운동이다 보니 늘 행복할 수는 없겠지만 그렇다고 불행하란 법도 없다고 생각합니다. 저는 페미니즘을 알게 된 것을 후회하지 않습니다. 상상하지도 못했던 새로운 시각을 가지고 스스로 실천하게 된 것, 많은 여성을 사람으로서 마주하게 된 것이 기쁩니다.

마지막으로 소감 한마디 부탁드립니다.
페미니즘 의제는 늘 변화하고 개인의 생각과 판단 또한 변합니다. 위에 서술된 내용은 현재까지의 제가 정리한 생각일 뿐이며 미래에는 얼마든지 바뀔 수 있어요. 이 인터뷰가 특정 시점에 출간된다는 것에 부담을 느끼나,

변하는 과정으로서의 기록 역시 의미가 있다고 생각하여
인터뷰를 진행했습니다. 주장의 근거를 정제된 언어로 찾지
못해 구체화하지 못한 경우도 있고 논쟁할 만한 부분도
분명히 있다고 생각해요. 뜨거운 논쟁과 갈등 또한 더 나은
길을 찾기 위한 과정이 되기를, 저의 이야기가 특정 집단을
대표하지 않고 래디컬 페미니즘을 실천하고 있는 한 사람의
입장으로 받아들여지길 바랍니다. 흩어져 유실되기 쉬운
래디컬 페미니스트들의 이야기를 책으로 엮으신 저자들께
감사드립니다. 거센 바람에 잠시 눕더라도 결코 사라지지
맙시다. 바라건대 용감하고 가장 뛰어나기를, 건강하고
야망찬 모습으로 더 높은 곳에서 만나기를.

가장 기본적인 야망,
살아남기
"김예진"

각성 계기는 무엇인가요?

대학교에 들어와서 처음 페미니즘을 접하게 되었어요.
전공이 사회학과여서 발표나 토론 수업을 많이 하는
편이거든요. 수업 중에 여성주의 관련한 이야기가 많이
쏟아져 나오는 거예요. '나는 딱히 차별 같은 건 받아본 적이
없었는데 이렇게까지 이야기할 만한 주제였던가?' 하는
의문이 들었고 '유난이다'라고 생각했어요. 사실 그때까지만
해도 저에게 페미니즘, 여성주의는 학문에 국한된
이야기였고 저의 삶과는 가깝지 않은 이야기였거든요.
그래서 수업이 끝나고 교수님께 '여성주의 이야기가 나오는
것에 대해 공감을 못 하겠어요. 저는 여성으로서 차별을

받아본 적도 없는 것 같은데 이렇게 이야기가 나올만한 주제인가요?'라고 여쭤봤었어요. 그때 교수님이 '그건 네가 편하게 살아서 그런 것이다'라고 말씀하셨는데 그 말이 제 머리에 콱 박혔어요. 저는 한 번도 스스로가 편하게 살았다고 생각한 적이 없는데 그 말을 들으니까 오기가 생기는 거예요. 대체 내가 왜 편하게 살았다는 이야기를 들어야 하는 거지?

'에브리타임'에서 '애기어'를 자제하자, 여성 인권이 이렇게나 낮고 우리의 현실을 자각해야 한다'고 말하는 것을 본 적이 있었고, 그 당시 한창 논의되던 주제가 '흉자'였어요. '흉내자지라는 단어가 너무 심하지 않느냐, 그렇게까지 할 필요가 있느냐' 하는 내용이었는데 그걸 볼 때 저도 '그런 단어는 너무 나간 것 아닌가' 하는 생각을 갖고 있었거든요. 그래서 교수님께 그 대답을 듣고 한번 알아봐야겠다는 오기가 생기자 학교 커뮤니티인 '에브리타임'에 있던 글들이 떠올랐어요. 그 글들을 모두 찾아서 거북하더라도 처음부터 끝까지 차근차근 읽어봤어요. 제가 토론이나 논쟁을 좋아해서 중학교 때부터는 납득이 안 되거나 나와 반대되는 주장이 있으면 자세히 찾아보고 끝까지 파고들어서 조목조목 반박해 내가 이겨야 성이 차는 성격이었거든요. 그래서 저는 자세히 살펴보면 '이 사람들이 유난이다'라고 말할 수 있는 근거를 찾을 수 있을 것이라는 생각에 그 글들을 다 정독했어요. 그런데 제가 틀렸던 거예요. 그렇게 각성을 하게 되었어요. 각성을 하고 나서 바로 머리를 자를 수 있었던 것은 아니었어요. 저는 공부를 하거나 책을 읽는 것을 좋아해서 화장하는 데 시간 내는 것을 귀찮아했어요. 그런데 그런 저조차도 긴 머리 하나 자르는 게 너무 어렵더라고요. 그래서 스스로에게 '일단 자르지 말고, 좀 더 기른 후 기부하면서 자르자'는 핑계를 대면서 미루고 있었는데 각성 후 8개월 즈음에 이게 변명이라는 생각이 들었어요. 2개월 정도 더 기르고 기부를 하려고 미뤄두고 있는 상태에서 머리카락을 기부 받는 단체가 더이상 기부를 받지 않겠다고 공지를 한 거예요. 그걸 보는 순간 내가 이걸 변명거리로 삼고 있었다는 것을 자각하고 미용실을 찾아가 단발로 확 쳐달라고 이야기를 하게 되었죠. 처음부터 투블럭으로 짧게 자를 수 있었던 것은 아니었어요. 그때 미용실에서 '이렇게 머리가 긴 여성분이 갑자기 짧게 자르면 주변에서 뭐라 안 하냐, 이 정도는 남기자'라고 해서 '여성스러운' 숏컷으로 잘랐어요. 긴 머리는 묶으면 잔머리가 내려오지 않아서 편했는데 '여성스러운' 숏컷을 하고 나니까 책 읽거나 공부를 할 때 머리를 숙이면 그때마다 옆머리가 흘러내려서 너무 불편했어요. 그래서 3개월 정도 불편한 생활을 하다 동네 작은 미용실에 가서 투블럭으로 자르게

됐어요. 그때부터 대략 3, 4개월에 한 번씩 3미리로 밀면서
이 머리를 유지하고 있어요.

각성 후 일상에서 달라진 점이 있었나요?

엄청 많죠. 저는 일단 머리를 자른 것도 굉장히 큰
변화였어요. 긴 머리였을 때는 거의 빨래를 하다시피 머리를
감아야 했는데, 자른 후에는 머리를 감고 말리는 데 그렇게
짧은 시간이 걸릴 줄은 몰랐어요. 그리고 사진 찍을 때
포즈가 달라진 걸 느껴요. 제가 아무리 화장이나 꾸미는
것에 관심이 없었어도 사진을 찍을 때면 무의식적으로 '내가
예쁘게 나왔으면 좋겠다' 하는 마음에 석고상처럼 굳은
표정과 포즈를 했었거든요. 그런데 신기하게도 머리를 짧게
자르고 나니까 그런 부담이 사라지고 '사진은 그냥 내가 이
순간을 남기고 싶어서 찍는 거지'라는 생각을 하게 됐어요.
그리고 남자의 권위를 무시할 수 있게 되었어요. 이전까지는
남성의 말에 더 권력을 부여하는 여성혐오를 했었어요.
똑같은 말이라도 남성의 말에 더 귀를 기울이는 거죠.
그때 교류했던 남성 지인들은 다 저보다 나이가 많았는데
그 나이라면 당연히 알고 있어야 하는 내용을 설명하는
것임에도 불구하고 '대단하다, 나와는 수준이 다르구나'라는
생각까지 했었거든요. 그런데 각성 후에는 아무리
남자가 뛰어나고 나보다 잘하는 것처럼 보여도 '음, 저건

〈남자〉이니 한번 걸러서 수용하자'는 생각이 들더라고요.
어차피 그 경험이란 것도 남성사회에서 자란 이들만의 것일
테니까요.

그리고 '이렇게 남성에게 관심이 없는 것은 비정상적인 것
아닌가?' '나도 연애 얘기, 이상형인 남자에 대한 이야기를
해야 할 것 같다'는 불안감이 사라졌어요. 쓸데없이 나의
에너지를 낭비하던 것을 싹 정리하고, 휴대폰을 최적화
모드로 정리하는 것처럼 삶을 좀 더 효율적인 모드로 돌릴
수 있게 된 것이 가장 달라진 점인 것 같아요.

여성에게 야망이 왜 중요하다고 생각하세요?
살아 있기 위해서요. 여성이 나 자신으로서 살아 있는
것이 여성의 가장 기본적인 야망이기도 하고 '내가 완전히
가질 수 있을까' 하는 의문이 드는 야망이에요. 왜냐하면
여성들은 태어날 때부터 남성들처럼 사람으로서 온전히
존중받으며 살지도 못했고, 저 또한 저를 사람으로 대하지
못한 채 살아왔으니까요. 야망을 가지라고 얘기하면 보통
'나는 어느 회사의 CEO가 되겠다, 누군가의 롤 모델이
되겠다'라고 이야기를 하는데, 그런 롤 모델이 되려면
우선 내가 인간으로서 살아 있어야죠. 제가 여성주의를
접하기 전에 '나는 위대한 사람이 되어야지, 뛰어난 사람이
되어야지' 했던 것들도 결국 파고들어가서 보면 'CEO

모습을 한 바비 인형' 같은 차원에 있었다고 생각하거든요.
그때의 뛰어남은 상품에 매겨지는 값어치를 높이기 위한
거였죠. 남성에게 팔려가는 어떤 쇼윈도의 장식품으로서.
저는 여성주의자들이야말로 사회가 사람을 사람 취급하지
않았다는 것을 자각한 무리로서 나의 삶을 사람으로서
살아가려면, 그리고 내가 사람이라는 것을 자각한 그 선을
지키려면 치열하게 투쟁해야하기 때문에 야망을 가져야
한다고 생각해요.

어떤 계기로 야망을 생각 하게 되었나요?
트위터로 여성주의자들이 하는 말들을 구독하고 있었는데
거기서 나오는 말들을 계속 쌓아왔던 것 같아요. 어떤 것은
비판적인 시선으로 보기도 했었고 어떤 것은 당장은 납득이
안 되기도 했었는데 결국에 여성주의자들이 하는 말들은
항상 똑같았거든요. 사람으로서 살아가라, 그리고 내 뒤에
따라올 여성들을 생각하라.

본인은 야망을 실현하기 위해서 어떤 노력을 하시나요?
일단 살아 있으려고 노력하죠. 제가 예전에 우울증이 있어서
집에서 밥도 거의 안 먹고 하루 종일 누워 있기만 하고
잠만 잤어요. 습관이 되었는지 요즘도 스트레스를 심하게
받으면 주기적으로 우울이 와서 침체되었다가 어느 정도

극복해서 자리를 잡으려는 차에 다시 우울이 와요. 제가 대학교를 막 들어왔을 때 특히 심했는데 고등학교 3학년 때는 일단 대학을 가야한다는 목표가 있었으니까 어떻게든 그런 것들을 뿌리치기도 하고 학교를 다니니까 루틴이 잡히잖아요. 그래서 어느 정도 선을 지킬 수 있었는데 대학교에 입학하니까 수업을 안 가도 부르는 사람도 없고, 성적이 개판이 되어도, 내가 밤에 잠을 안 자고 며칠을 밤을 새도 잡아주는 사람이 없고, 저 자신조차도 대학에 들어와서 풀어져 있다 보니까 그런 안 좋은 생활습관과 우울이 계속 쌓여서 죽고 싶다는 생각을 많이 했어요. 심하게는 '그냥 어느 순간 내가 이 세상에서 사라졌으면 좋겠다, 있었다는 사실조차 남기지 않고 아무에게도 기억되지 않고 아예 처음부터 없었던 사람처럼 조용히 사라졌으면 좋겠다'는 생각을 했었어요. 그런데 요즘에는 생활습관을 많이 개선하고 있고 그런 생각이 들 때마다 의식적으로 일단 살아 있자고 스스로 되뇌어요. 일을 벌려놓고 열심히 하려고 했는데 그게 생각과는 다르게 잘 안 되거나, 뒷심이 약해서 생각처럼 완벽하게 안 되거나, 미완성으로 끝나거나, 제 기준에서 실패했다고 여겨질 때 주로 우울과 자기비하들이 떠올라요. 그래서 그런 생각들을 막기 위해 감정이 담겨 있지 않더라도 일단 살아 있는 것만으로도 정말 잘하고 있다고 생각하려고 노력해요. 마무리가 미흡하더라도 일단

하던 일을 끝내려고 노력하고, 의식적으로 외부 활동을
하려고 노력하다 보니까 요즘에는 상당히 괜찮은 삶을
살고 있는 것 같아요. 그 외에도 여성의당 권리 당원으로
활동하고 있고, 앞으로 IT 분야에서 일하고 싶어서 '래디컬
페미니즘 it방'의 모임이나 스터디에 참여하면서 정보
교류를 하고 있어요.

정확히 본인이 추구하는 목표는 무엇인가요?

뒤에 올 여성들의 꿈이 되고 싶어요. 물론 나를 위해서
여성주의를 하는 것이 중요하다고 생각하지만 제가 처음에
각성을 하는 과정에서 가장 중요한 촉매 역할을 했던
글이 '내 뒤에 올 여성들을 생각하라'는 것이었거든요. 제
주변에는 동생들과 저보다 먼저 탈코하고 대학을 들어온
후배들이 꽤 있어요. 또 여성주의와 관련해서 이야기를 나눌
수 있는 이들도 다 후배라서 더 그런 의무감이 생기는 것
같아요. 그들 보기에 부끄럽지 않게 행동하자고. 이전에 전
스스로 똑똑하다고 생각했었지만 사실 사회가 정한 여성의
한계에서 벗어나지 못하고 있었잖아요. 제 뒤에 올 여성들이
그걸 그대로 겪게 하고 싶지 않아요. 사람은 그 사람과 가장
가까운 사람에게서 영향을 많이 받기 마련이라고 하잖아요.
또 선망하는 대상을 따라하려고 하기도 하고요. 제 목표는
최대한 많은 사람들에게, 전부는 아니더라도 그들이 꿈꾸는

모습의 일부분에라도 기여할 수 있는 거예요.

**여성들이 야망을 가지기 위해서 필요한 것은 무엇이라고
생각하시나요?**

자신이 인형이 아닌 사람이라는 것을 자각하는 것이
중요해요. 아무리 사회의 억압이 심하고, 가진 것이
없더라도 내가 스스로 살아 있는 독립된 여성임을 깨닫는
것 하나면 될 것 같아요. 그렇지 않다면, 주변에 내가
활용할 수 있는 여러 가지 자원이 많다고 하더라도 그것을
그대로 가부장제에 갖다 바치게 돼요. 얼마나 가진 것이
많았든 쓸모없어지게 되는 거죠. 무엇보다 사람들은
자신이 현실에 물리적인 실체를 가지고 존재한다는 사실이
얼마나 대단한 건지 알아야 해요. 내가 내 의견을 말해서
다른 사람에게 영향을 줄 수 있고 어떤 물건을 움직이거나
들어 옮겨 다른 물체도 바꿀 수 있고, 살아 있기만 한다면
투표권도 있잖아요. 사람이 살아가는 동안 발휘할 수 있는
에너지는 결코 과소평가할 수 있는 것이 아니에요. 그런데
그 에너지를 여성이 남성이 아닌 여성 자신에게만 오롯이
온전히 사용한다고 생각해보세요. 그것만으로도 혁명이고
어떤 것보다 큰 야망일 거예요.

사람이라는 것을 인식하고 자신을 우선시해야 한다는

말인가요?

네. 여성은 항상 사회가 원하는 역할을 강요받아 왔어요.
예를 들면 누군가의 엄마, 누나, 아내로서 희생하는 것이요.
여성주의에서 중요한 것이 자기 자신을 포함한 여성들을
챙기는 것이라고 생각하거든요. 특히 자기 자신을 챙기는
것에 방점을 두고 싶어요. 보통 다른 여성들을 위하는 것은
쉽게 하는데 정작 자신을 챙기지 못하는 경우가 많더라고요.
그래서 여성들은 본인을 챙기는 것을 가장 우선시했으면
좋겠어요. 본인도 여성이잖아요.

**여성들이 야망을 가지는 데에 방해되는 것들에는 무엇이
있을까요?**

가부장제에 의해 여성들에게 경제적인 자원이 주어지지
않는 것이 가장 방해라고 생각해요. 경제권이라는 나를
지탱할 단단한 기반이 없으면 현실과 타협하게 될 상황이
너무 많아져요. 말이나 행동 하나하나에서부터요. 저는
자기가 하는 말이나 행동이 사고방식에 많은 영향을
미친다고 생각하거든요. 처음엔 그렇지 않았더라도 조금씩
현실과 타협하는 부분이 생기면서 후퇴할 위험이 있다고
생각해요.

어떤 방식으로 가부장제가 여성의 경제권을 막는다고

생각하시나요?

'여성은 가족의 일원이어야 한다'는 사고방식이 가장
여성이 경제권을 가지지 못하게 만들어요. 결혼은 당연히
그렇고, 가족 문제에서만 봐도 그래요. 저만해도 '낳아주고
키워주셨으니까 나중에 직장을 갖게 되면 어머니께
월급 3분의 1은 떼어드리는 게 맞겠지?' 하는 생각을
하고 있었거든요. 이렇게 효 규범을 바탕으로 여성들이
모부님에게 죄책감을 가지는 것도 정신적으로 낭비되는
것이라고 생각해요. 거기다 개인적으로 축적하는 돈이
없이 모부님께 드리게 되면 자연스럽게 경제권을 가지기
어렵게 되잖아요. 어렸을 때 저는 '어차피 모부님에게
딸린 존재니까 모부님에게 드리는 것이 맞다'고 생각해서
용돈을 받아도 필요 없다며 어머니께 드렸거든요. 다행히
제 어머니는 저에게 경제에 대한 경험을 잘 쌓아주려고
노력하신 편이라 '이것은 네 돈이고, 설령 엄마가 필요한
일이 있어서 너에게 빌리더라도 이자까지 챙겨서 다
받아가야 한다'고 가르쳐주셨어요.

그리고 전에는 남성과 결혼하고 싶은 마음이 없었음에도 제
인생 계획에 항상 결혼이 들어가 있었어요. 계획에 있으면
저도 모르게 달성하고자 노력하게 되잖아요. 그로 인해
낭비되는 자원도 무시할 순 없죠. 게다가 그 생각은 자가를
갖고, 차를 사는 등의 일들을 '가족이 생기면, 결혼을 하면'

해결될 일이라고 치부하게 돼요. 남성에게 독립을 미루는 거죠. 이렇게 여성은 가부장제 하에서 남성을 중심으로 구성된 가족의 구성원으로 여겨지다 보니 스스로를 '경제권을 가져야하는 주체'라고 생각하지 못하는 것 같아요. 그게 제일 치명적이에요.

본인이 야망을 이루는 과정에서 경험하는 장애물은 어떤 것이 있나요?

여성주의를 할 수밖에 없는 사회가 장애물이라고 생각해요. 예를 들면 시위 혹은 프로젝트 후원이나 운동에 들어가는 시간과 같은, 여성 인권을 위해 투자해야 하는 것들이 있잖아요. 남성과 비교했을 때 여성은 같은 꿈을 꾸더라도 투자할 수 있는 자원이 적을 수밖에 없어요. 저는 여성이기 때문에 제 생존과 직결된 여러 여성 문제에 자원을 쓰게 되니까 그런 부분에서 남성과 격차가 생기는 거죠. 안 그래도 한국의 여성과 남성 간 임금 격차가 '0.68:1' 이라는데, 그만큼 임금을 적게 받는 상태에서 자원을 더 투자해야 하니 명백한 방해일 수밖에요. 여성이 당연히 여성주의를 해야 하고 그런 투자에 대해서 불만이 없지만 남성과 비교했을 때는 어쩔 수 없이 장애물이라고 느껴져요.

그럼 그 장애물을 극복하기 위해서 하는 노력이 있나요?

여성과 연대하고 있어요. 한동안은 여성주의가 여성이 야망을 이루는 데에 방해가 된다고 생각해서 고민을 많이 했었어요. 저는 분명 여성을 위해서, 그리고 나를 위해서, 여성주의 안에서 야망을 이루고 싶었거든요. 그런데 여성주의 자체가 목표인 동시에 장애물이 되는 상황을 어떻게 해석해야 할지 의문이 생기더라고요. 그때 다양한 형태의 여성들의 연대를 보고 여성주의가 마냥 장애물은 아니라는 생각이 들었어요. 예를 들어 이민경 작가님의 프로젝트나 유튜브 크리에이터 자빱님과 쇼핑몰 퓨즈서울의 콜라보, 여성의당과 '랜펨 it방'에서 경험한 활동들 같은 거요. 자원이 여성들 안에서 돌고, 여성들이 서로 신뢰하고 기꺼이 도움을 주고자 하는 분위기 자체가 정말 중요한 플러스 요인이 되는 것 같아요. 남성들의 '알탕 연대'와 같은 힘을 가질 수 있는 것이죠. 래디컬 페미니스트가 모두 좋은 사람이라고 말할 수는 없지만 같은 것을 지향하고 있다는 점에서 어느 정도 신뢰를 할 수 있게 돼요. 그 신뢰가 긍정적인 요인이 되는 것 같아요.

사실 이전까지는 여성들이 '김여사, 김치녀, 된장녀'와 같은 비하 단어로 조롱을 당할 때 보통 '나는 저런 여자들과는 달라'라고 말하면서 자기가 속해 있는 여성 집단과 스스로를 분리하려고 했잖아요. 남성들 또한 뛰어난 여성을 보면 기존의 여성 집단과는 다른 예외적인 존재로 만듦으로써

여성은 그렇지 않다는 프레임을 만들고요. 스스로 여성
집단에 속해 있고 여성들과 상호작용을 해야 한다는
것을 몸으로 깨닫게 되는 것이 그 프레임을 깰 수 있게
만들어요. 그렇게 여성주의를 함으로써 생기는 손해보다
더 큰 시너지를 만들어낼 수 있지 않을까 하는 생각을 하게
되었어요.

같이 야망을 가지고 나아가는 여성들에게 하고 싶은 말이 있나요?

중간에 멈추거나 너무 못해도 괜찮으니 끝까지 갔으면
좋겠어요. 이건 제가 래디컬 페미니즘을 접하기 전부터
해왔던 생각이에요. 끝까지 가겠다는 다짐을 놓지 않았으면
좋겠어요. 머릿속에 나침반이 있으면 방향성과 추진력을
가지게 돼요. '나는 늘 살아 있는 사람으로서 살고 싶다'는
생각을 계속 갖고 있기만 한다면 언젠가는 행동으로
이어지게 될 거고, 그렇게 나부터 시작해서 사회까지
바꿀 수 있게 될 거라고 생각해요. '코르셋'에 돈을 쓰고
싶더라도 '이건 잘못된 거야'라고 불편하게 여기는 감각을
놓지 않았으면 좋겠어요. 지쳐서 여성주의를 쉬고 싶더라도
언젠간 다시 돌아오겠다는 생각은 끝까지 가지고 있었으면
좋겠어요. 왜냐하면 저도 그렇게 버텨 왔거든요.
그리고 이미 다른 사람들이 많이 한 말이지만 살아 있으라는

말을 꼭 하고 싶어요. 살아 있는 것만으로도 큰 힘을 가지는 거예요. 이 세상에 존재하는 사람이 여성, 그리고 스스로를 위해 그 힘과 시간을 사용함으로써 자신의 공간을 확보하고 있는 것이 정말 중요해요. 그래서 여성들이 반드시 살아 있었으면 좋겠어요.

추가적으로 하고 싶은 말은 있나요?

래디컬 페미니즘을 하는 사람들의 연령대가 낮다는 얘기가 많잖아요. 사실 저도 느끼고 있어요. 트위터에서 진행한 투표 결과를 보면 초등학생, 중학생도 있고 고등학생이 특히 많더라고요. 그렇지만 그것에 초조하거나 조급하지 않았으면 좋겠어요. 무력감을 느끼지도 말고요. 스스로에게 하는 말이기도 해요. 지금 집권하고 있는 여당도 처음엔 힘이 없는 집단이었잖아요. 그런 집단이 20년 만에 사회적인 권력을 거머쥐었죠. 저도 나이가 많은 것은 아니지만 어리다는 것에 좌절하지 말고 나중에 기득권이 되었을 때를 많이 상상해봤으면 좋겠어요. 지금은 10대, 20대라서 힘도 없고 자본도 부족하지만 나중에 30, 40대가 되었을 때 분명히 더 큰 힘과 자본을 가지게 될 거란 말이에요. 래디컬 페미니스트 집단은 나아가고자 하는 방향과 목표가 굉장히 뚜렷하고 확고하잖아요. 게다가 실행력도 대단하죠. 지금보다 더 큰 힘과 자본을 가졌을 때 만들 수 있는 변화량을 기대하고 있어요. 더 많은 래디컬 페미니스트들이 자기 몫을 받아갈 수 있기를 바랍니다. 그 성취와 성과를 온전히 가져갈 수 있도록 더 욕심내고, 권리를 주장했으면 좋겠어요.

마카롱과
PC방의 관계
"H씨"

인터뷰에 앞서, 간단한 자기소개 부탁드립니다.

안녕하세요. 20대 여성주의자 H씨입니다.

각성 계기가 무엇인가요?

2017년에 각성을 했는데 계기가 뚜렷하게 기억나진 않아요.
어느 순간 지금까지 겪어온 여성혐오를 자각하고 각성하게
되었어요.

래디컬 페미니즘을 접하고 달라진 점이 있나요?

내적 탈코를 많이 했어요. 내적 탈코를 하지 않은
상태에서는 외적 탈코를 해도 나의 외모를 바라보는 시선이

크게 달라지지 않는다고 생각해요. 저는 래디컬 페미니즘을 접하기 전에 외적 탈코를 했지만, 그렇다고 거울 앞에 있는 시간이 적지 않았어요. 머리를 자르고 나면 내가 길거리에 지나다니는 한국 남성들에 비해 너무 잘생겨 보여서 똑같이 거울 앞에 오랫동안 서 있었던 것 같아요.

원래 사람들 시선을 신경 쓰지 않는 편이긴 했지만, 그래도 신경을 좀 썼었는데 이제는 진짜 신경 안 쓰는 것 같아요. 또 가장 큰 변화는 유니콘을 바라지 않는다는 거예요. 저는 각성하고 남자를 버리지 못했을 때 한국 남성 대신 외국 남성을 좋아하기 시작했어요. 래디컬 페미니스트가 말하는 4B*가 한국 남성이랑 하지 않는다는 것이라며 제멋대로 뜻을 바꾸어서 생각했었어요. 그냥 남성인데 외국 남성은 여기에 포함 안 될 거야. 하고 자기합리화를 했었죠. 마지막으로 앞으로의 나의 인생이 기대된다는 것이 전과 달라진 점이에요. 예전에는 불투명한 미래에 겁나기만 했었는데, 지금은 앞으로 어떻게 성공할지 생각하며 야망을 갖게 되었고 비혼 타운과 비혼 노인정까지 기대하고 있습니다.

래디컬 페미니스트로서 사는 삶에 대해서 간단하게

---

* '비혼, 비출산, 남자와의 비연애, 남자와의 비성관계'를 의미.

이야기해주세요.

편하면서도 불편하죠. 탈코도 그렇고 나와 같은 부류의
사람들과 함께 있으면 정말 편한데, 그렇지 않은 사람들과
만나면 너무 불편하고, 무슨 말만 하면 지적거리가 생기고,
그렇다고 하나하나 다 지적하자니 내가 예민한 사람이
되니까 말도 잘 못 하고요.

탈코르셋을 하게 된 계기가 무엇인가요?

돌이켜 보면, 제가 원해서 꾸민 적은 없었어요. 주변
사람들이 다 하니까 했던 거죠. 예쁘다는 사탕발림에 속아
넘어가서 나를 예쁘게 꾸몄지만, 사실 돌이켜 생각해보면
전 항상 불행했어요. 원래 자존감이 되게 높은 편인데
거울 앞에만 서면 자존감이 낮아졌어요. 거울 앞에 서서
끊임없이 자신의 얼굴을 평가하며 단점을 찾아내서
가리려고 노력했죠. 있는 그대로의 나를 받아들이지
못하는데 어떻게 행복할 수 있겠어요. 그래서 코르셋
시절에는 항상 불행했던 것 같아요. 저도 한때 '주체적
꾸밈'을 믿었는데, 유튜브 영상이었나? 어떤 영상에서
만약에 세상 여자들이 초록색, 파란색 립스틱만 발랐다고
해도 나는 빨간색, 핑크색 계열의 립스틱을 발랐을까?
라는 내용이 나왔었고 그 문장을 보자마자 주체적 꾸밈은
없다는 것을 깨닫고 탈코르셋을 했습니다. 가장 먼저

화장품을 버렸고, 탈브라를 하고, 취업 걱정 때문에 미루던
머리카락도 투블럭으로 잘랐습니다.

탈코르셋을 하고 나서 코르셋이 더 잘 보였던 순간이 있나요?

만화 〈탈코일기〉에서 다른 건 모두 흑백이지만 화장품 바른
곳만 채색되어 있는 장면이 있어요. 딱 그런 느낌이었어요.
특히 사람 많은 곳을 가면 그게 더 눈에 띄는데, 저 같은
경우는 동네에 있는 대형 다이소를 갔을 때였어요. 자동문이
열리자마자 똑같이 레드, 핑크 계열의 블러셔와 아이섀도우,
립스틱을 바르고 있는 여자들이 한가득 있어서 깜짝
놀랐던 적이 있어요. 얼굴이 다 똑같아 보였어요. 그리고
봄, 여름에는 꽃무늬 원피스까지 똑같이 입으니까 정말
공장에서 찍어낸 인형 같다는 느낌을 받았어요. 탈코일기
만화의 배경이 흰색이었던 것처럼 다이소는 벽지나
진열장이 다 흰색이다 보니 그 화장의 색이 더 도드라져
보였던 것 같아요.

탈코르셋을 하며 어려운 점이 무엇이었나요?

탈코르셋을 하면 취업에 악영향이 있다는 유언비어를
듣고 조금 두려움이 있었어요. 그래서 구직 활동 초반에는
단발머리에 렌즈를 끼고, 비비, 틴트까지 바르고 면접을

갔어요. 그런데 점점 디폴트 상태로 면접을 보고 최종 합격까지 했다는 분들의 얘기를 많이 접하게 되고 그 두려움이 사라졌어요. 그래서 언젠가부터는 화장을 안 하고 색 없는 립밤만 바르고 여성용 정장 구두를 신고 면접에 가다가 머리를 자른 후에는 바지 정장을 입고 남성용 정장 구두를 신고 면접에 갔습니다. 디폴트 상태로 하는 면접은 이전보다 더 떨렸지만 제 능력을 자신 있게 말하고 좋은 평가를 받았기 때문에 역시 꾸밈노동은 불필요하다는 것을 깨달았습니다. 그러니 다들 탈코르셋을 하면 취업 안 된다는 소문을 믿지 말고 당당해졌으면 좋겠어요.

탈코르셋 이후 주변인의 변화가 있었나요?

가장 먼저 생각나는 건 엄마예요. 단발머리였을 때 처음 머리를 자르겠다고 한 순간부터 머리를 자르러 가는 날까지 저를 말렸었거든요. 원래는 숏컷을 먼저 해보고 투블럭을 하려고 했는데, 엄마가 말리니까 화가 나 청개구리 심보가 생겨서 말다툼을 끝내고 바로 나가서 투블럭으로 밀었어요. 그랬던 엄마가, 매번 제 머리를 바리깡으로 이발해주고 계세요. 그리고 얼마 전에 엄마에게 지금까지 내가 했던 머리(장발, 단발, 숏컷, 투블럭) 중에 뭐가 제일 잘 어울리냐고 물었을 때 몇 초의 고민도 없이 투블럭이라고 하시더라고요. 물론 탈코는 나에게 어울리든 말든 상관없는 일이지만요.

그리고 또 한 명은 제 친한 친구예요. 이 친구는 고등학교 때 만났고 애니메이션 얘기를 하면서 친해졌었는데, 가끔 저와 페미니즘에 관한 이야기를 나누다가 지금은 저와 친구 둘 다 코르셋과 남자를 버렸습니다. 당연히 덕질도 버렸고요.

여성세를 처음 접한 건 언제였나요?

각성 초반에 여성혐오를 기반으로 한 차별과 불평등에 대해 알아가다가 알게 되었던 것 같아요.

왜 여성세를 지양해야 한다고 생각하나요?

여성세에는 정말 많은 종류가 있지만 저는 그 중에서도 마카롱과 다이어리 꾸미기에 대해 이야기하고 싶어요. 남성보다 비싼 여성의 이발 비용이나 여성용 니플패치 등 다른 여성세는 인정하면서 마카롱과 '다꾸'는 여성세가 아니라고 하는 분들이 많은 걸 보고 너무 답답했어요.

한입거리일 정도로 작은 크기의 마카롱은 맛보다는 여성 소비자를 타깃으로 한 귀엽고 반짝이는 디자인으로 시장에서 승부하죠. 한국 마카롱의 가격은 단기간에 꾸준히 상승하고 있어서 마카롱의 고장인 프랑스와 비슷하거나 그보다 더 비싸기도 하고요. 마카롱의 주요 소비자가 여성인 점이 이 현상에 영향을 주지 않았을까요?

그리고 다이어리 꾸미기, '다꾸'도 여자들만 하는
취미잖아요. 그러니까 당연히 주소비자가 여성이고, 가격이
꾸준히 올라서 많이 비싸져도 여성들은 계속 사준다는 걸
알고 계속 시장에서 가격이 올라간다고 생각해요. 어떤
분들은 '다꾸' 용품을 만드는 디자이너분들의 노동가치가
계속 올라가는데 당연히 물건값이 올라가지 않느냐,
디자이너를 착취하려는 것이냐고 말하던데, 디자이너분들의
노동은 높은 가치가 있고 그 가치가 계속 오름에 따라
가격이 오르는 게 자연스러운 일입니다.

하지만 남성이 주 소비자인 pc방을 떠올려보면 뭔가
이상하거든요. 물가가 꾸준히 오르고 있으니 당연히 컴퓨터
부품 값도 올랐을 것이고, 예전과는 다르게 음식을 파는
등 서비스도 훨씬 좋아졌고, 고용하는 알바의 최저시급이
계속해서 올랐으니 돈이 점점 더 많이 드는 사업임이
분명한데도 pc방 이용가격은 거의 10년째 동결이죠. 우리
동네 근처에도 한 시간에 천 원 미만인 곳이 있고 다른
곳에도 그런 저렴한 pc방이 꽤 있어요. pc방 가격이 왜
마카롱과 '다꾸'처럼 가격이 오르지 않을까요? 다들 아는
거예요. 남성들은 가격이 비싸지면 돈을 주고 이용하지 않을
것이라는 걸요. 그런데 여자들은 단기간에 상품의 가격이
아무리 비싸져도, 같은 종류의 상품이지만 남성용에 비해
눈에 띄게 비싸도 소비한다는 것을 알기 때문에 여성세 붙은

상품이 끊임없이 나오고 그런 산업이 발달한다고 생각해요.

안 그래도 여남 임금 격차도 심한데, 마카롱, 다꾸 용품을 만드는 여자들의 지갑을 걱정해서 비싸도 사주는 것은 자제하고 본인의 지갑부터 걱정했으면 좋겠어요.

마지막으로 하고 싶은 이야기가 있으신가요?
흔히 여성들이 자신의 인생을 통틀어서 가장 '한창'이고 '리즈'일 것이다라고 막연하게 생각하는 때가 20대라고 생각해요. 그런데 이것이 내가 이룬 어떤 성과 같은 것이 아니라 오로지 외모로 측정되기 때문에 외면을 '리즈' 상태로 만들기 위해 노력하죠. 또, 이성교제를 많이 하는 시기이기도 하고요.
자신의 주변 사람들이 대부분 코르셋을 조이고 남자와 평등하지 않은 연애를 하는 환경과 분위기 속에서 페미니스트로 산다는 건 분명 힘든 일이에요. 남들과 다른 길을 걷는 자신을 보고 내가 잘못된 건지, 다시 저 무리로 돌아가야 하는 건지 생각이 들 수도 있는데 다른 게 틀린 건 아니듯이 지금 옳다고 생각해서 선택하신 이 길을 그대로 잘 따라가셨으면 좋겠어요.

작가에서
출판사 대표가 되기까지
"최보"

간단하게 자기소개 부탁드려요.

여성주의 출판사 위민의 대표 최보은입니다.

각성 계기가 무엇인가요?

사실 뚜렷한 계기라고 할 건 없어요. 2015년에
강남역 살인사건 이후로 리부트가 됐잖아요. 그러고
2016년 후반까지는 '래디컬'이라는 이름이 없던 것으로
기억하거든요. 저는 15년부터 페미니즘에 꾸준히 관심을
가진 채로 제가 생각하기에 옳은 길을 쫓아서 따라왔고,
그랬더니 자연스럽게 래디컬이라는 이름이 붙은 것
같아요.

래디컬 페미니스트로서 어떤 삶을 살고 있나요?

별다를 거 없이 인간적으로 살고 있어요. 흔히 래디컬
페미니스트에게 하는 오해가 사회와 동떨어진 존재,
그런 쪽으로 생각하는데 저는 오히려 더 내 삶을 지키고
사회에 녹아들려고 하거든요. 그래야 사회 구성원의
목소리가 되니까. 바깥에서 들리는 소리보다는 안에서
들리는 목소리가 더 크게 들리잖아요. 그래서 중요한 사회
구성원으로 자리 잡으려 노력하고 있어요.

**래디컬 페미니즘을 접한 후 가장 크게 와닿은 점은
무엇인가요?**

많겠지만 저는 두 가지가 가장 크게 바뀌었어요. 우선은
욕망의 주체가 자신이 된 거. 가부장제의 욕망을 가진
일반 여성으로 살고 있었는데 이제 그 욕망을 덜어내고
그 자리에 있어야 할 내 욕망을 찾아 채워나가고 있어요.
그렇다 보니까 자연히 삶에 대한 태도도 크게 바뀌더라고요.
가부장제의 시선에서 여성에게 요구되는 것들을 내
욕망이라고 착각하고 살았는데 래디컬 페미니즘을 접하고
나서는 진짜 내가 하고 싶은 것들을 채워나가고 있어요.
레즈비어니즘도 그렇고, 창작 활동도 그렇고.

어떤 창작 활동을 하고 계시나요?

일단 글을 써요. 서사를 다루는 걸 좋아해서 주로 소설을
써요. 출판 프로젝트도 참여하고 있는데 래디컬 내의
의제들에 대한 수필집이에요. 제가 '레드라이트'라는
글쓰기 모임을 운영하고 있는데 거기서 문집, 소설이랑 시를
준비하고 있어요.

창작 활동을 하면서 전하고 싶은 메시지가 무엇인가요?
여성애*, 레즈비어니즘, 그러니까 자매애. 이런 여성 간의
관계에 대한 스펙트럼을 다루고 싶어요. 왜냐하면 제가 이
노선을 통해 이룩하고 싶은 세상은 남자 없이, 여자들만
데리고 사는 여자들만의 세상이거든요. 그러면 당연히
모든 교류가 여성들 사이에서만 일어날 테고 다양한 관계가
형성되겠죠. 사랑뿐만이 아니라 경쟁에서도 선의의 경쟁,
일반적인 감정싸움으로 나뉘잖아요. 마찰이 당연히 있을
테고 화해를 할 수도 있겠죠. 창작 활동을 통해 이전까지
생각해보기 어려웠던 여성들 간의 모든 관계를 다루고
관계의 지표를 넓혀가고 싶어요.

그런 창작 활동을 하며 힘든 점은 없나요?
초반에는 제가 쓰고 싶은 글과 사회의 니즈(needs) 사이의

---

* 여성에 대한 애정 또는 사랑.

괴리가 있었어요. 이걸 주업으로 삼든 부업으로 삼든 돈을 벌고 싶은데 그러려면 공모전 주최진, 등단사 이런 곳들의 니즈에 맞춰야 하잖아요. 그러면 쓰고 싶은 그런 글들을 쓸 수 없게 되고. 제가 출판사를 창업하기로 맘먹고 나서는 좀 해소됐어요.

그러면 창작 활동을 하며 힘든 상황과 마주쳤을 때 자신만의 해소법이나 해결 방법이 있을까요?

큰 고난 중 하나는 대중의 비판이라고 생각해요. 그중에서도 내 작품에 애정을 갖고 하는 피드백이 아니라 그냥 하는, 특히 래디컬이면 그냥 까려고 하는 사람들이 많잖아요. 전 그런 사람들이 있으면 "내가 쟤네보다 글 잘 쓰고, 생각이 깊고, 더 똑똑하다"고 생각해요. 그리고 그게 사실이라는 자부심도 있고요. 그래서 딱히 그런 거에는 개의치 않아요. 제일 힘든 건 슬럼프예요. 내 작품이 내 생각대로 움직여주지 않을 때. 근데 저는 슬럼프가 쉬어야 할 신호라고 생각해요. 그래서 좀 쉬어요. 나와 내 창작 활동이 화해할 시간을 가지는 게 중요한 것 같아요.

최보님은 어떤 야망을 품고 계시나요? 이루고 싶은 목표나 목적이요.

우선 출판사를 창업해서 래디컬 페미니스트들을 채용하고

싶어요. 그리고 사회의 니즈와 내가 쓰고 싶은 글 간의
괴리가 커서 고민하던 작가들에게 니즈가 되어주고 싶어요.
누구든 자신의 능력을 뽐내며 수익을 창출하고 싶잖아요.
그래서 '우리의 글과 능력도 충분히 제 가치를 인정받으며
세상에 내보일 수 있다'는 메시지를 전하는 회사를 차리고
싶어요.

또, 요새 많이 나오는 이야기가 "래디컬 너네는 그런 거 다
안 하고 무슨 재미로 살래"라고들 하잖아요. 저는 여기에
반쯤 동의하는 게 우리가 즐길 수 있는 매체가 너무 없다고
생각하거든요. 실용 서적, 비문학 이런 것도 너무 중요하고
우리 삶에 필요한 정보지만 나아가서 문화생활을 누리고
더 풍족한 삶을 살 수 있게 하는 매체가 있길 바라요. 그런
책을 내는 출판사를 차릴 거고요. (현재는 출판사 '위민'을
설립했습니다.)

**마지막으로, 창작 활동을 하는 자매들에게 전하고 싶은 말이
있나요?**
창작자들이 받는 낯 뜨거운 기대가 자신의 창작물을 읽고
누군가가 변화하는 것인데요. 민망하다고 생각하지만 그걸
바라기도 해요. 창작자에게 있어서는 그의 창작물이 단 한
명에게라도 파장을 일으킨다면 그것만큼 기쁜 일이 없다고
생각하거든요.

우리는 길을 스스로 만들기 위해 이 길에 선 거잖아요.
그러니까 우리의 창작물의 길도 만들어나갈 수 있어요.
세상에 이미 있는 기성 문단이나 가부장적인 플랫폼이
아니라 우리 창작물의 가치를 진정으로 읽어줄 그런
플랫폼을 만들 수 있을 거예요. 없더라도 세상에 창작물을
내보일 길은 분명 있으니 창작을 멈추지 마세요.

용어 해설

4B '비혼, 비출산, 남자와의 비연애, 남자와의 비성관계'를 의미. (→p.246)

남성애 남성에 대한 애정 또는 사랑. (→p.82)

디폴트 탈코르셋 운동에서 쓰이는 말로 아무것도 꾸미지 않은 태초의 상태를 의미한다. 인간의 디폴트(default value; 별도 설정을 하지 않은 초기값, 기본 설정값) 상태는 '코르셋'을 하지 않은 모습이라는 주장에서 시작된 표현이다. (→p.149)

랟펨 '래디컬 페미니스트'의 줄임말. (→p.63)

맨스플레인 남자가 여자에게 가르치듯이 설명하는 태도. (→p.133)

메갈리아 메르스 갤러리에서 파생된 여성주의 사이트. 2015년~2017년 사이 약 2년 간 운영되었으며 현재는 운영되지 않는다. (→p.13)

메념글 메갈리아 사이트의 인기 있는 글. (→p.177)

메르스 갤러리 중동호흡기증후군인 질병 메르스에 대한 디시인사이드의 갤러리. 2015년 개설되었다. (→p.13)

모부 '부모'에서 어머니를 먼저 쓴 단어. (→p.38)

몸글 '몸에서 뻗어나는 글쓰기'의 약칭. 이민경 작가의 독서 모임이다. (→p.33)

미러링 여성혐오 표현을 남성에게 적용하여 이질감을 느끼게 하여 일상의 여성혐오를 인식할 수 있게 하는 패러디 방식. (→p.163)

백래시 본래 '반동 또는 반발'이라는 뜻으로, 이 경우는 '변화에 대한 반발'로 각성 이후 안티 페미니즘적 행동을 하는 것을 의미한다. (→p.202)

부치 레즈비언 사이에서 사회적으로 소위 '남성'의 역할을 담당하는 사람을 의미. (→p.135)

스쿨 미투 교내 성폭력 고발 운동. 학교에서 일어나는 성폭력에 대한 학생들의

'Me too · 미투' 운동. (→p.102)

쓰까 래디컬 페미니스트들이 페미니스트 중에서 여성 인권과 함께 다른 권리 (동물 권리, 성소수자 인권 등)를 섞어 주장하는 이들을 비판하기 위해 만든 단어. 권리를 '섞는다'의 섞다가 변형된 '쓰까먹는다' 등의 표현에서 유래한 단어이며 대부분의 경우 '교차성 페미니즘'과 같은 의미로 쓰인다. (→p.162)

악센트 여성을 위한 여성들의 클래식 연주회로, 2020년 12월 26일 첫 연주회를 마쳤다. (→p.32)

애기어 나이에 맞지 않게 어린아이 흉내를 내듯 발음을 부정확하게 하거나 애교를 섞어 이야기하는 말투. (→p.33)

여돕여 여자를 돕는 여자의 줄임말. (→p.213)

여성애 여성에 대한 애정 또는 사랑. (→p.255)

영영 페미니스트 1990년대 중반부터 대학 여성 운동, 문화 운동 등을 통해 새로운 방식으로 성폭력 및 섹슈얼리티 문제를 다룬 영 페미니스트의 다음 세대로 2015년 이후 페미니스트를 의미한다. (→p.203)

유사 탈코 외적으로 사회적 여성성을 수행하지는 않지만 여성 인권을 위한 탈코르셋을 의식적으로 실천하지는 않는 상태. (→p.121)

워마드 2015년 12월 경 메갈리아 사이트의 회원 중 일부가 온전히 여성만을 위한 온라인 공간을 목적으로 개설한 여성주의 커뮤니티. (→p.55)

인터섹스(간성) 성염색체의 이상으로 성기가 기형 또는 변형되어 태어난 사람. (→p.185)

정치적 레즈비언 이성애가 여성 억압을 지탱하는 중요 기제임을 인식하고 같은

피억압자인 여성을 애정의 대상으로 삼길 선택하는 정치적 레즈비어니

즘에 따라 레즈비언으로 살길 선택한 레즈비언. 정치적 레즈비어니즘은

1960–1970년대 미국과 영국 등에서 떠오른 급진적 페미니즘 운동 속

에서 발전된 사상으로 레즈비어니즘을 개인적 정체성으로 보기보다는

여성 연대를 목적으로 하는 정치적 행동으로 본다. (→p.131)

정혈 '생리'를 의미. 여성의 피는 부끄러운 것이 아니기에 생리라는 완곡한 표

현보다 깨끗할 정(精)에 피 혈(血)을 써서 정혈이라 표현. (→p.89)

젠더론 생물학적 성별을 무시하고 사회, 문화적 성별인 젠더(gender)를 유효한

정체성 또는 성별처럼 취급해야 한다고 여기는 이론. (→p.179)

코로나 시대의 사랑 이민경 작가가 주최한 여성주의 레터 메일링 서비스. 여성

들이 고민을 보내면 이민경 작가가 편지로 답장을 보냄. (→p.129)

코르셋 사회가 여성에게 강요하는 사회적 여성성으로 화장, 치마 등이 있고 이는

여성의 신체적 움직임을 제한하고 여성을 성적 대상으로 만드는 데 기여

한다. 코르셋에는 화장, 치마, 악세서리 등 외적 코르셋과 과한 도덕성,

상냥한 말투, 조신한 자세 등 내적 코르셋이 있다. 사회적으로 여성에게

요구되는 이러한 행동양식은 여성의 행동과 생각을 제한한다. (→p.11)

코시사 '코로나 시대의 사랑'의 줄임말. (→p.129)

키링남 작고 귀여워서 주머니에 넣고 다니고 싶은 남자이자 자신을 과시하기

위해 데리고 다니는 남자. (→p.16)

탈코르셋 여성의 능력을 제한하는 위한 '사회적인 여성성'인 코르셋을 벗어버

리자는 여성주의 운동. (→p.10)

탈코인 탈코르셋을 한 사람을 의미. (→p.169)

터프(terf) Transgender Exclusionary Radical Feminist 의 약자로 트랜스젠

더를 배제하는 래디컬 페미니스트를 의미. 퀴어 정치학을 따르는 사람

들이 래디컬 페미니스트들을 비하, 비난하기 위해 만들어 사용하기 시

작한 말이기 때문에 래디컬 페미니스트들은 '젠더에 비판적인 페미니스

트'라는 뜻의 GCF(gender critical feminist)라는 용어를 쓴다. (→p.183)

팸 레즈비언 사이에서 사회적으로 소위 '여성'의 역할을 담당하는 사람을 의미.

(→p.135)

포궁(胞宮) '자궁(子宮)'을 의미. 자궁은 아이를 품는 곳만이 아니기에 세포 포

(胞)에 집 궁(宮)을 써서 포궁이라 표현. (→p.76)

ftm female to male. 여성에서 남성으로 성전환한 사람. (→p.182)

mtf male to female. 남성에서 여성으로 성전환한 사람. (→p.180)